Matthias Luserke

Schule erzählt

Literarische Spiegelbilder im 19. und 20. Jahrhundert

Frage: 7
Rilke (~~Fechten~~ Turnstunde), Musil (Törleß), Walser (J. v. Gunten) bilden um die Jh.-wende eine 'Achse' – darum kreisen die anderen Texte (59). Bis heute arbeiten sich die Autoren daran ab.

V&R
VANDENHOECK & RUPRECHT

Matthias Luserke
Dr. phil., ist Professor für Neuere deutsche Literaturwissenschaft an der Technischen Universität Darmstadt.
Von ihm ist bei Vandenhoeck & Ruprecht erschienen »Der junge Goethe« (1999).

Die Deutsche Bibliothek CIP-Einheitsaufnahme

Luserke, Matthias:
Schule erzählt : literarische Spiegelbilder
im 19. und 20. Jahrhundert / Matthias Luserke. –
Göttingen : Vandenhoeck und Ruprecht, 1999
(Kleine Reihe V&R ; 4016)
ISBN 3-525-34016-8

KLEINE REIHE V&R 4016

Umschlag: Jürgen Kochinke, Holle
Schrift: Concorde regular
Gesamtherstellung: Hubert & Co., Göttingen

Inhalt

»was gemeinsam gelernt werden soll, ist: die Zukunft« (Rilke)

Für Silvia, m.g.L.

Lehrer Lämpel, eine der eindrucksvollsten Gestalten Wilhelm Buschs, dargestellt in einer Pose, die auf unnachahmliche Weise Macht – und Ohnmacht – der Schule im 19. Jahrhundert ausdrückt.

aus: Wilhelm Busch, Max und Moritz, 4. Streich.

Vorwort

Obwohl Schule ein Thema ist, das uns alle angeht und zu dem wir alle etwas sagen zu können meinen, gibt es doch erstaunlich wenige Untersuchungen, die sich auf das Wagnis einer literaturgeschichtlichen Perspektive einlassen. Das mag daran liegen, daß nach wie vor keine genaue Vorstellung darüber herrscht, wieviel Schultexte im weitesten Sinn überhaupt im 19. und 20. Jahrhundert erschienen sind. Insofern ließe sich die Liste der in diesem Buch weggelassenen Romane und Erzählungen lange fortsetzen. Das soll lediglich zeigen, daß hier ein Thema seiner Bearbeitung im größeren Rahmen harrt. Der Anspruch eines solchen Buchs liegt darin, eine entsprechende Auswahl zu treffen und zu begründen, weshalb bestimmte Texte normbildend geworden sind, weil sie innovativ gewirkt haben.

Cum tacent clamant – dieses Ciceronische ›indem sie schweigen, reden sie‹ wird von vielen Schülern als stiller Protest aufgefaßt. Das Schweigen aber ist beredt, es hat sich in der Literatur Gehör verschafft. Das Buch wendet sich also an alle, die sich mit dem Thema Schule kritisch befassen wollen, an Eltern, Lehrer, Schüler und Studenten, und die daran interessiert sind, welche Spiegelbilder uns die Literatur bereithält.

Silvia Jaqui danke ich ganz besonders für die Idee zur Titelformulierung. Reiner Marx danke ich für viele anregende Gespräche. Auch den Teilnehmerinnen und Teilnehmern an den Veranstaltungen zur Lehreraus- und -weiterbildung im Saarland sei für Anregungen gedankt, und schließlich sei meinen Darmstädter Mitarbeiterinnen und Mitarbeitern für die Mithilfe bei den Recherchen, der Literaturbeschaffung und beim Korrekturlesen mein Dank ausgesprochen.

Darmstadt, im Juli 1999

Schule als »Kulturfrage«

Wo man Latein und Lügen lernt

»Man lese die Lebensgeschichte aller großen Menschen; sie sind, was sie geworden sind, immer *trotz* der Schule geworden, nicht durch sie.«[1] Kein gutes Zeugnis, das Rilke da am Anfang des Jahrhunderts ›den‹ Lehrern, ›der‹ Schule, ›den‹ Eltern ausstellt. Sieht es am Ende des Jahrtausends besser oder wenigstens anders aus? Eine Möglichkeit ist es, seine eigene Betroffenheit zum Gespräch zu machen, dies geschieht allenthalben, Schulerfahrungen begleiten uns unser Leben lang. Der Schuldiskurs in der Literatur ist gewiß eine Besonderheit. Doch beträgt der Alphabetisierungsgrad in der Bundesrepublik mehr als 99%. Nahezu jeder durchläuft also eine Schule, jeder hat einen persönlichen Anknüpfungspunkt an dieses Thema. Schule wird damit zum kulturellen Symbol, und *Schule erzählt* heißt dann auch, es wird über die historische und gesellschaftliche Bedeutung dieses Symbols berichtet. Davon legen die Schultexte beredt Zeugnis ab.

Eine andere Möglichkeit ist es, die Literatur zu befragen, dem nachzuhorchen, was Schriftsteller und Schriftstellerinnen über Schule zu erzählen haben. Diesen Weg geht das hier vorgelegte Buch. Dabei gilt es, von vornherein Eingrenzungen des Themas und Lesethesen deutlich zu machen. In diesem Buch geht es nicht um Erinnerungsliteratur oder um autobiographische Mitteilungen großer und kleiner Autoren des 19. und 20. Jahrhunderts, worin sie sich über ihre Schulerfahrungen und ihre Lehrerstreiche ausbreiten. Es geht auch nicht um humoristische Darstellungsformen des Themas Schule oder Lehrer, wobei unser Bild vom Lehrer als Lehrer Lämpel doch immer noch stark durch Wilhelm Buschs Karikatur im vierten Streich von *Max und Moritz* geprägt ist.[2] Lehrer Lämpel ist aber inzwischen zu einer Art kulturellem Emblem geworden, wer ihn erkennt, und das tun die meisten, die sich mit Literatur und Schule in irgendeiner Form beschäftigen oder beschäftigt haben, weiß, daß er die Begriffe Schule und Lehrer vertritt. Er ist längst zu einem kulturellen Erkennungs- und Wiedererkennungslogo geworden. Schon die Wahrnehmung der literarisch interessierten Zeitgenossen zwischen 1890 und 1910 erwartete beim Thema Schule in der Literatur zunächst eine humoristische Darstellung. In einer Besprechung von Frank Wedekinds *Frühlingserwachen* etwa schreibt der Rezensent Gustav Zieler: »Ich glaube kaum, daß vor 1892 aus der Schülersphäre etwas anderes als Humoresken vorliegen.«[3] Und für einen anderen zeitgenössischen Rezensenten ist es ausgemacht, daß im Jahr 1902 der an Goethes *Wilhelm Meister* anknüpfende »Literaturzweig«[4] Schülerroman beginne, nämlich mit dem Roman *Freund Hein* von Emil Strauß.[5] Im Mittelpunkt dieses Buchs soll vielmehr die Frage stehen und geprüft werden, inwiefern die sozialen, institutionellen und individuellen Verhaltensstandards und Bewußtseinsformen von Macht die Darstellung der Schule in der Literatur des 19. und 20. Jahrhunderts prägen. Diese Darstellungen reichen vom affirmativen Kitsch bis zur kritischen Analyse, zwischen Anpassung und Anklage bewegen sich die Autorinnen und Autoren. Die literarische Darstellung der Schule könnte somit einen prognostischen Wert über die Entwicklung einer Gesellschaft bekommen.

Die Schule wird mithin als eine ›kleine Gesellschaft‹ verstanden, als Vorbild, Abbild und Nachbild. Eine historische Analyse des Bildes der Schule in der Literatur streift damit auch immer die Themen einer Institutionengeschichte, es geht dann um gesellschaftliche und kulturelle Phänomene, und nicht um individuelle Bewußtseins- und Darstellungsformen. Doch im Rahmen dieser knappen Darstellung kann eine erschöpfende Übersicht über die gesamte Literatur des 19. und 20. Jahrhunderts nicht geboten werden, die sich mit Fragen der Schule, der Bildung und Erziehung, des Schülers oder des Lehrers beschäftigt. Demzufolge müssen Akzente gesetzt, es muß auf möglicherweise hilfreiche Strukturierungen verzichtet werden. So zum Beispiel findet sich in diesem Buch keine Klassifizierung nach Schultypen. Arno Holz schreibt über den ersten Schultag in der Grundschule, Musil und Rilke berichten von demselben Militärinternat in Mährisch-Weißkirchen, Hesse vom Evangelisch-Theologischen Seminar in Maulbronn mit seiner schwäbischen Tradition, andere wiederum von herkömmlichen Gymnasialschulen. Dem Verzicht auf eine Klassifizierung nach Schultypen liegt die Erkenntnis zugrunde, daß die Wahl des Schultyps bei der literarischen Darstellung unabhängig ist von den jeweils gemachten grundsätzlichen individuellen und sozialen Erfahrungen der Figuren oder der Autoren und Autorinnen, der Erfahrung nämlich, daß Schule Macht bedeutet und über Schule erzählen demzufolge heißt, über Inszenierungen der Macht zu berichten. Das betrifft sowohl das Verhältnis der Lehrer und Schüler als auch der Schüler untereinander.

Gewiß gab es Literatur über Schule schon immer. Gemeint ist damit nicht die wissenschaftliche Literatur, sondern gemeint sind jene fiktionalen oder halbfiktionalen Texte von Autoren und Autorinnen, die am Beispiel des Themas Schule grundsätzliche Fragen des gesellschaftlichen und kulturellen Prozesses darstellen. Doch in der zweiten Hälfte des 19. Jahrhunderts beginnt das, was gelegentlich als literarischer Boom eines neuen Genres bezeichnet wurde, das weit in den Anfang des 20. Jahrhunderts hineinragt und bis heute andauert. Dabei lassen sich nahezu zyklische Thematisierungswellen ausmachen: 1880–1890; 1900–1910; 1920–1930; 1970–1990.[6] Trotz der Arbeit von York-Gothart Mix *Die Schulen der Nation* (1995), neben Robert Minders epochemachendem Aufsatz von 1962[7] die wichtigste Studie zum Thema, mangelt es immer noch an einer umfassenden Aufarbeitung, die auch verläßliches Zahlenmaterial zur Verfügung zu stellen in der Lage ist und den gesamten literaturhistorischen Horizont abschreitet. Also den ›frühen‹ Schultexten des 18. Jahrhunderts ebenso nachgeht wie den Neuerscheinungen unserer Tage. Auch das zweibändige Werk von Peter Grotzer (1991) schafft hier keine Abhilfe, da es ausschließlich Texte des 20. Jahrhunderts von Rimbaud, Joyce, Musil, Hesse, Sartre, Salinger, Plenzdorf, Bernanos und Josef Roth bespricht. Allerdings stellt es im zweiten Band eine umfangreiche Bibliographie zur Verfügung, auf die ausdrücklich hingewiesen werden soll.[8]

Die immer noch ausstehende umfassende Aufarbeitung des Themas will und kann also auch das vorliegende Buch auf der einen Seite nicht leisten, insofern versteht es sich als Anregung für ein solches wissenschaftliches Unternehmen. Auf der anderen Seite verfolgt es mit seiner Leitthese einen wesentlichen Aspekt von Literatur: Literatur vermag Bewußtsein zu schaffen, indem sie Öffentlichkeit schafft. Dies zeigten beispielsweise in den siebziger Jahren des 18. Jahrhunderts die Autoren, die sich den damals drängenden Problemen von vor- und außerehelicher Sexualität und Kindsmord stellten, und dies zeigen die Autoren des 19. und 20. Jahrhunderts, die durch ihr beharrliches Schreiben dem Thema Schule die nötige Aufmerksamkeit in der Literatur und damit in der öffentlichen Wahrnehmung sicherten.

Julius Bach hat in seiner Dissertation aus dem Jahr 1922 die erste wissenschaftliche Bestandsaufnahme von Schultexten im weitesten Sinne unternommen. Er kam zu dem Ergebnis, daß durch die Wirren des Ersten Weltkriegs das Genre der Schultexte – wobei er nur von Schülerromanen spricht – fast ganz verkümmert sei und insofern nur noch literaturhistorisches Interesse verdiene. Es sei unwahrscheinlich, von diesem Literaturzweig noch einmal berechtigterweise gute Texte erwarten zu dürfen. Bach räumt allerdings ein, daß auch die ›schlechten‹ Schultexte maßgeblich dazu beigetragen hätten, »das allgemeine Interesse auf die Schule und die Schulfrage zu lenken«.[9] Natürlich überzeugt Bachs Definition eines Schülerromans heutzutage nicht mehr, wonach den Schülerroman der doppelte Charakter von Jugendroman und Schulroman kennzeichne.[10] Mit solchen Definitionspirouetten war und ist wenig gewonnen. Auch der Literaturhistoriker Mielke argumentierte 1920 ähnlich. Er war der Meinung, die Gattung des Schulromans verschwinde bereits wieder.[11] Weit gefehlt! Frischmuth, Dittberner oder Lebert sind erfrischende Beispiele des letzten Vierteljahrhunderts dafür, daß die Gattung lebt und die Autoren immer noch etwas zum Thema Schule zu sagen haben.

In der Zeit der nationalsozialistischen Gewaltherrschaft sind meines Wissens keine Schultexte veröffentlicht worden. Doch auch der restaurative Neubeginn in der Bundesrepublik nach Kriegsende blieb gegenüber diesem Thema abstinent. Das ist auffällig. Erst in der Politisierung der eigenen Ursprünge in den späten sechziger und den frühen siebziger Jahren wird dieses Thema von der Literatur wieder aufgegriffen.

Freie Kinder zu schaffen, sei die vornehmste Aufgabe dieses Jahrhunderts, hatte Rilke 1902 in einer Besprechung von Ellen Keys Buch *Das Jahrhundert des Kindes* (1900) notiert. Nun stehen wir am Ende dieses Jahrhunderts, doch die Forderung oder zumindest die Frage bleibt, wie steht es mit den freien Kindern? Im Kind müsse man, so Rilke, vom ersten Tag an »die neue Individualität«[12] erkennen und achten. Doch die Eltern und die Schule nähmen darauf keine Rücksicht. In Robert Walsers Kleinprosa *Fritz Kocher's Aufsätze* (1902) ist im Kapitel *Die Schulklasse* folgendes zu lesen:

> *Unsere Schulstube ist die verkleinerte, verengte Welt. Unter dreißig Menschen können doch gewiß ebensogut alle Empfindungen und Leidenschaften vorkommen, wie unter dreißigtausend. Unter uns spielen Liebe und Haß, Ehr- und Rachsucht, edle und niedere Gesinnung eine bedeutende Rolle. Wir haben Armut und Reichtum, Wissen und Dummheit, Erfolg und Mißerfolg in all ihren Schwankungen und feinen Unterschieden. [...] Es sollte nur einmal ein Dichter in unsere Verhältnisse hineinblicken, er würde reichen Stoff zu spannenden Werken finden*.[13]

Walser selbst gehört wenige Jahre später zu diesen Dichtern, die sich des Schulthemas annehmen. Mit seinem Roman *Jakob von Gunten* (1909) hat er sich auf besondere Weise in die Reihe der deutschsprachigen Schul- und Internatsromane zu Beginn des 20. Jahrhunderts eingeschrieben. Für die Prägnanz und die Innovationskraft eines Themas ist nicht entscheidend, wie intensiv die Rezeption bei den Zeitgenossen verlaufen ist, welche Stückzahlen und welche Auflagenhöhe ein Text erreicht hat, wie oft er in den Medien besprochen, diskutiert, verrissen wurde. Das Auge des Literaturhistorikers vermag allein aus der Rückschau großräumige thematische und innovatorische Zusammenhänge zu erkennen.

»Die Schule ist die einzige moderne Kulturfrage, die ich ernst nehme und die mich gelegentlich aufregt«, so schreibt Hermann Hesse am 25.11.1904 an Karl Isenberg. »An mir hat die Schule viel kaputtgemacht«, fährt er fort, »gelernt habe ich dort nur Latein und Lügen.«[14] Und Hesse mag damit recht behalten haben, bis heute ist diese Kulturfrage in der Literatur gegenwärtig und zeugt damit vom Interesse der Autorinnen und Autoren ebenso wie vom Interesse des Lesepublikums an diesem Thema. Schule ist ein zutiefst anthropologisches und gesellschaftliches Thema, mithin ein kulturelles Thema.

Wenn im folgenden von Schultexten gesprochen wird, so meint dies also nicht die Memoiren- oder die Backfischliteratur und auch nicht jene Literatur, die als erfolgreich gelten kann; der Begriff dient allein der sprachlichen Vereinfachung. Zum Gedicht scheint sich dieses Thema nicht zu eignen, wenn man von humoristischen und parodistischen Gelegenheitsgedichten absieht, die meist auf die Karikatur eines Lehrers zielen. Auch die Dramenform wird so gut wie gar nicht gewählt, Wedekinds *Frühlingserwachen*, im weitesten Sinne ein Text zum Thema Schule, bildet hier eine rühmliche Ausnahme, obgleich die Erzählstruktur der meisten Schultexte einem dramatischen Aufbau unterliegt. Gemeint sind mit dem Begriff ›Schultexte‹ also jene fiktionalen Texte der deutschsprachigen Literaturgeschichte des 19. und 20. Jahrhunderts, in denen über die Themen Schule, Schüler und Lehrer gehandelt wird. Fragen der allgemeinen Pädagogik spielen insofern in diesem Buch allenfalls eine marginale Rolle. Dies erlaubt, einige wenige grundsätzliche Überlegungen zu formulieren, unter denen die Texte gelesen werden:

1. Die Geschichte der Schule ist eine Geschichte der Disziplinierung von Kindern. Als Lernerfolg gilt, wenn es Schülern gelungen ist, die Disziplinierung aus eigenem Antrieb gegen sich selbst zu richten. Der Auftrag der Schule lautet, überspitzt formuliert, sich zu einer Instanz des individuellen und kollektiven Über-Ichs zu machen. Die Vernunft zu schulen – Musil wird von der ›ungeschulten Vernunft‹ der Schüler sprechen – heißt, die Disziplinierung zu lernen. Das Internat als eine besondere Schulform mag dabei als Modellfall betrachtet werden. Denn hier sind die strukturellen Besonderheiten sozialer Beziehungen zwischen Lehrern und Schülern und den Schülern untereinander besonders deutlich zu erkennen, sofern die Autoren und Autorinnen davon berichten. Die Inszenierungen der Macht setzen sich nach dem Schulunterricht fort, sie prägen den Lebensalltag der Schüler wie der Lehrer. Deshalb sind in diesem Buch nur solche Texte ausgewählt, die diese Erfahrungen literarisch sichern. Die Drastik des Schulerlebens von Unterdrükkung und Verhinderung findet ihren schärfsten Ausdruck in den Internatserzählungen. Hier gibt es für Konfliktlagen zwischen Lehrern und Schülern oder zwischen Schülern untereinander keine harmonische Lösung mehr. Das Modell Internat komprimiert die alltäglichen Schulkonflikte so, daß die Unausweichlichkeit einer gewaltsamen Lösung gleichsam als Schicksal von den Betroffenen erfahren werden muß. Dieses Schicksal besteht für die jugendlichen Schüler

und Schülerinnen in der Erkenntnis ihrer Ohnmacht der Machtapparatur Schule gegenüber.

2. Das Bild der Schule in der Literatur, ihre literarischen Spiegelbilder zu untersuchen, bedeutet auch, das Bild der Schüler und das Bild der Lehrer in der Literatur mitzudenken. In diesem Buch findet sich also keine klassische Institutionengeschichte.[15] Denn zu einem imaginierten, literarischen Bild gehören immer auch diejenigen, die dieses Bild erzeugen (Autoren), diejenigen, die als Gegenstand des Bilds (Beschreibungsobjekte) dienen und diejenigen, die mit diesem Bild besetzt werden (Figuren, Themen).

3. Und es geht schließlich auch um die prognostische Schärfe von Schultexten. Schultexte sind kleine Gesellschaftsanalysen. *Schule erzählt* kann demnach zweierlei bedeuten: *Schule erzählt* heißt, daß Schultexte über Schule erzählen. Schultexte erzählen heißt, daß ihre Autoren und Autorinnen über Schule erzählen. *Schule erzählt* heißt aber auch, daß das ›System‹ Schule selbst erzählt; indem über es berichtet wird, offenbart es seine internen Strukturen, Mechanismen und Regelwerke. Individuelle Erlebnisse der Schüler gewinnen somit einen allgemeinen gesellschaftlichen Aussagewert, auch wenn die Gültigkeit von Karl Schultzes Urteil von 1907 über Schultexte heute bezweifelt werden mag: »und nicht zum wenigsten wird der Lehrer selbst dankbar sein, Anregungen in dieser Richtung zu erhalten«.[16]

Selbst wenn Schule auf Wissenserwerb zielt, ihr Lernsystem ist eine *Kulturtechnik* des Wissenserwerbs, Wissen mithin Bestandteil kultureller Bildung.[17] Man sollte allerdings in diesem Zusammenhang die mahnenden Worte von Montaigne nicht vergessen. In seinen *Essais* von 1580 schreibt er über die Erziehung der Kinder: »das Wichtigste ist, Lust und Liebe zur Sache zu wecken; sonst erzieht man nur gelehrte Esel, und man erreicht nur, daß sie einen Sack voll totes Wissen, das ihnen eingeprügelt ist, mit sich herumtragen«.[18] Wenn Schule über die Vermittlung von Fachwissen hinaus immer noch einen allgemeinen gesellschaftlichen und kulturellen Bildungsauftrag hat, dann wohl diesen: sapere aude. Dieses von Horaz (vgl. *Epistulae*, II, 2, 40) herstammende Wort wurde zum Schlüssel und zur Kurzdefinition der philosophischen, literarischen und politischen Aufklärung. Kant hat es schon am Ende der Aufklärung in seiner berühmten Antwort auf die Frage »Was ist Aufklärung?« gleich zu Beginn zitiert, und ebenso greift es auch Schiller in seiner Schrift *Über die ästhetische Erziehung des Menschen* auf. Dieses ›Wage es, selbst zu denken!‹, ›Habe Mut, dich deines eigenen Verstandes zu bedienen‹ in der Kantschen Formulierung, kann wohl auch heute noch trotz aller Computerisierung und Medialisierung der Lebenswelt und damit auch der Schule als der eigentliche Auftrag kultureller Bildung verstanden werden. Doch allen, auch den Protagonisten Kant und Schiller, ist etwas Entscheidendes entgangen: das Horazische Zitat wurde in dieser Form stets um ein Wort verkürzt, denn dem ›sapere aude‹ folgt im Original ein energisches, weil imperativisches ›incipe‹, zu deutsch: ›fang an damit!‹, ›setz das Selbstdenken ins Werk!‹ Und Schule erzählt tagtäglich davon, von dem Drängen nach selbständigem Denken und von dem Bemühen um das Beginnen. Die Literatur begleitet diesen Prozeß, sie dokumentiert ihn und sie kritisiert, sie verherrlicht ihn und sie stellt ihn radikal in Frage, sie beschreibt ihn traditionell und sie erprobt utopische Gegenmodelle. »Wer vor die Aufgabe gestellt würde, mit einem Federmesser einen Urwald zu fällen, müsste vermutlich dieselbe Ohnmacht der Verzweiflung empfinden, die den Reformeiferer vor dem bestehenden Schulsystem ergreift – diesem undurchdringlichen Dickicht von Thorheit, Vorurteilen und Missgriffen, wo jeder Punkt sich zum Angriff eignet, aber jeder Angriff mit den zu Gebote stehenden Mitteln fruchtlos bleibt.«[19] Das hat Ellen Key in ihrem im Jahr 1900 erschienenen Buch *Das Jahrhundert des Kindes* geschrieben. Das Jahrhundert geht zu Ende – was ist geblieben? Es scheint an der Zeit, mit Hilfe der Literatur kritisch Bilanz zu ziehen.

Aspekte einer Kulturgeschichte der Schule

Die Verwahrung der Kinder in öffentlichen Schulen schien manchen Zeitgenossen schon immer die einzige Möglichkeit, sich vor der imaginären oder tatsächlichen Bedrohung durch die nachfolgende Generation zu schützen. Die Angst vor dem – psychoanalytisch so genannten – Vatermord bestimmte etliche literarische Darstellungen. Beispielhaft hierfür mag zum Beginn des Buchdrucks der Holzschnitt und das dazugehörige Epigramm von Sebastian

Brant (1457–1521) sein, der im sechsten Kapitel *Von rechter Kinderlehre* seines *Narrenschiffs* (1494) schreibt: »Wer seinen Kindern übersieht / Mutwillen und sie nicht erzieht, / Dem selbst zuletzt viel Leid geschieht.«[20] Ein Narr also ist derjenige Erwachsene, der sein Kind nicht erzieht. Und die Schule ist der Ort gesellschaftlicher und religiöser Erziehung. Sein Kind in die Schule zu schicken, wird lange vor der Einführung der allgemeinen Schulpflicht ein klassen- und bildungsspezifischer Gruppenzwang. Wollte man zu den verantwortungsvollen Eltern gehören, mußte man sein Kind in der Schule erziehen lassen. Schule hatte so gesehen auch etwas von Sozialprestige an sich.

Die Schule gilt in der Neuzeit als der Ort, wo das kindliche, jugendliche Individuum gesellschaftsfähige und vom Gemeinwesen benötigte Tugenden, also Bewußtseinsformen und Verhaltensstandards lernt. Das Medium des Lernens ist die Literatur, das Medium der Darstellung dieses kulturellen Prozesses ebenfalls. »Die *Schul* ist eine Werkstat / in welcher die jungen Gemüter zur Tugend geformet werden.«[21] Johannes Amos Comenius (1592–1670) schreibt dies in seinem Buch *Orbis sensualium pictus* (dt. Titel *Die sichtbare Welt*) von 1658. Er steht damit ganz in der Tradition einer aristotelischen Pädagogik, wonach Bildung und Schule den jungen Menschen zu einer gesellschaftsfähigen Tugendhaftigkeit erziehen sollen. Weiter ist bei Comenius zu lesen:

> *Der* Schulmeister */ sitzt auf dem* Lehrstul*; die* Schüler */ auf* Bänken*:*
> *jener lehret / diese lernen.*
> *Etliches wird ihnen vorgeschrieben mit der Kreide an der* Tafel.
> *Etliche sitzen am Tische / und schreiben: Er / verbässert die Fehler.*
> *Etliche stehen / und sagen her / was sie gelernet.*
> *Etliche schwätzen und erzeigen sich mutwillig und unfleissig: die*
> *werden gezüchtigt mit dem* Bakel *und der* Ruhte.[22]

Eigene Rede der Schüler, Disziplinlosigkeit und mangelnder Fleiß wurden auch schon in der Neuzeit bestraft. Die Symbole der schulmeisterlichen Gewalt wie ›Bakel‹ (Schulmeisterstock) und ›Ruhte‹ weichen im Laufe der Kulturgeschichte der Schule den Techniken und Apparaturen struktureller Gewalt. Die List der Macht besteht darin, unsichtbar zu sein, sich in Systeme, Verhaltensweisen und Ordnungen zurückzuziehen. Johannes Althusius (1557–1638) sagt über die Schulen im Jahr 1603, »in ihnen wird das Heil des Lebens offenbar«.[23] Und: »In Schulen werden die Menschen zu frommen, gelehrten, gerechten, maßvollen, tüchtigen und weisen Mitbürgern erzogen und ausgebildet.«[24] Kritische Stimmen sind aber auch zu hören. Der Zittauer Gymnasialrektor und Dichter Christian Weise (1642–1708) schreibt in der Widmung zu seinem *Masaniello*-Drama von 1683: »Die Schule ist ein schattichter Ort / da man dem rechten Lichte gar selten nahe kömt«,[25] und meint dies keineswegs nur bildlich. Räumliche Enge, schlechte Luft, miserable Lichtverhältnisse, unqualifizierte Lehrer – an diesen Verhältnissen des Schulunterrichts wird sich lange nichts ändern. Und daß ein junger Mensch sich auch ohne Schulbildung durchs Leben schlagen kann, davon legt Grimmelshausens *Simplicissimus*-Roman (1668) beredt Zeugnis ab. Man kann sogar so weit gehen und die gescheiterte schulische Sozialisation des Simplicissimus als Voraussetzung für seine gelungene Kulturation begreifen.

Mit dem Drama *Der Hofmeister oder Vorteile der Privaterziehung* (1774) des Sturm-und-Drang-Dichters Jakob Michael Reinhold Lenz ist das Thema Schule bzw. Schulunterricht in der deutschsprachigen Literatur salonfähig geworden. Obgleich man den Einfluß von Rousseaus *Emil oder Über die Erziehung* (1762) auf Lenz und die Generation der jungen Sturm-und-Drang-Dichter nicht unterschätzen darf, greift Lenz mit seiner Komödie *Der Hofmeister* eine damals aktuelle Debatte um die Vor- und Nachteile der öffentlichen und der privaten Schulausbildung auf. Seine Literarisierung des Themas macht eines für die Zeitgenossen wie für uns heute deutlich: Das Bild der Schule und des Schulunterrichts in der Literatur ist maßgeblich geprägt vom Beziehungsgeflecht gesellschaftlicher Macht und individueller Unterdrückung.

Daß Goethes *Wilhelm Meister* der normbildende deutsche Bildungsroman für das 19. Jahrhundert geworden ist, wird heute nicht mehr bestritten. Doch wer erinnert sich an jene Passage aus Goethes *Werther* (1774), worin Werther quasi nebenbei das Schulsystem der Aufklärung brandmarkt? Es heißt dort im Brief vom 9. Mai: »Im Hingehen bemerkte ich daß die Schulstube, wo ein ehrlich altes Weib unsere Kindheit zusammengepfercht hatte, in einen Kram verwandelt war. Ich erinnerte mich der Unruhe, der Thränen, der Dumpfheit des Sinnes, der Herzensangst, die ich in dem Loche ausgestanden hatte.«[26] Und Karl Philipp Moritz liefert mit seinem *Anton Reiser* (1785–90) ein bis heute populäres Beispiel eines Bildungs- und Erziehungsromans.

Das Bild der Schule im 18. Jahrhundert ist maßgeblich geprägt von der Diskussion um Vor- und Nachteile öffentlicher Schulerziehung im Verhältnis zum privaten Schulunterricht. Die zeitgenössischen Bezeichnungen für einen Privatlehrer sind Hofmeister oder Privatinformator. In der Regel wurden diese Lehrer von Adligen, Landadligen oder reichen Bürgern zum Unterricht der Kinder angestellt. Die meisten Hofmeister hatten ein Theologiestudium abgeschlossen. Die Abneigung gegen sie war groß, nicht selten wurden sie den Dienstboten gleichgestellt.[27] Beruf und Lebensform eines Privatlehrers wurde Gegenstand zahlreicher fiktionaler Texte des 18. Jahrhunderts. Die meisten schreibenden Intellektuellen kannten den Beruf des Privatlehrers aus eigener Erfahrung. Die soziale Herkunft bestimmte auch hier die Berufswahl. Während Angehörige der Oberschicht ihre Universitätsausbildung gewöhnlich mit einem juristischen Examen abschlossen, um danach als Hofbeamte zu arbeiten, studierten die Angehörigen der Mittelschicht, die meist aus ökonomisch und sozial beengten Verhältnissen kamen, Theologie oder ein altphilologisches Fach. Da sie nach der Beendigung ihres Studiums selten sofort in den Kirchendienst übernommen wurden und eine Pfarrstelle bekamen, mußten sie oftmals über mehrere Jahre hinweg als Privatlehrer unterrichten. Für die Hofmeister bedeutete dies, daß sie neben den eigentlichen Inhalten eines halbwegs regulären Unterrichts (alte und neue Sprachen, Literatur, Rhetorik) auch Sozial- und Verhaltensstandards einer Schicht vermitteln mußten, die sie aus eigener Erfahrung gar nicht kannten. Zum Pensum eines aristokratischen Privatschulunterrichts gehörten nämlich auch allgemeine Benimmregeln, Fechten und Reiten, sowie die musische Erziehung wie Malerei, Klavierspiel und Tanz. Wie ein Privatlehrer bezahlt und behandelt wurde, hing ausschließlich von der (adligen) Familie ab, bei der er in Lohn und Brot stand. Immerhin hatte Adolph Freiherr von Knigge 1788 in seinem vielzitierten Buch *Über den Umgang mit Menschen* Grund zu folgender Klage:

> *Überhaupt verdienen ja diejenigen wohl mit vorzüglicher Achtung behandelt zu werden, die sich redlich dem wichtigen Erziehungsgeschäfte wid-*

men. Es ist wahrlich eine höchst schwere Arbeit, Menschen zu bilden – eine Arbeit, die sich nicht mit Gelde bezahlen läßt. Der geringste Dorfschulmeister, wenn er seine Pflichten treulich erfüllt, ist eine wichtigere und nützlichere Person im Staate als der Finanzminister […]. Schämen sollten sich die Menschen, die den Erzieher ihrer Kinder als eine Art von Dienstboten behandeln![28]

Berufsständische Regeln für Privatlehrer gab es zwar nicht, allerdings Empfehlungen und Verhaltensrichtlinien, so etwa August Bohses *Der getreue Hofmeister adelicher und bürgerlicher Jugend* (Leipzig 1706), *Getreuer Hofmeister auf Academien und Reisen* (Hannover 1727) von Bernhard von Tschirnhauß, Carl Müllers *Schädlichkeit der Hauserziehung für Erzieher, Zöglinge und Staat* (Stendal 1783) und andere. Im 18. Jahrhundert blühten regelrechte Agenturen für Privatlehrer. August Hermann Francke, Christian Felix Weiße, Christian Fürchtegott Gellert und Johann Jakob Engel zählten zu den prominentesten ›Hofmeistermaklern‹.[29] Als bekannteste Privatlehrer des 18. und 19. Jahrhunderts gelten neben Gellert und Weiße selbst Gleim, Musäus, Hamann, Winckelmann, Herder, Boie, Voß, Lenz, Wagner, Jean Paul, Kant, Hölderlin, Fichte, Hegel und Schleiermacher. Der Verdienst eines Privatlehrers betrug im Jahr höchstens fünfzig Taler, ein Lehrer in einer öffentlichen Schule verdiente zwischen zehn und vierzig Talern. Damit waren sie auf einen Nebenverdienst als Gemeindeschreiber, Küster oder Handwerker angewiesen.

Nicht nur die Literatur griff jene Fälle auf, in denen sich der Privatlehrer in die Mutter der Schüler oder in eine Schülerin verliebte. Daß die Selbstkastration des Privatlehrers Läuffer in dem Drama *Der Hofmeister* von Lenz keine willkürliche Erfindung des Autors darstellt, unterstreicht eine Zeitungsnotiz von 1779. Darin preist ein Privatlehrer, der eine Anstellung sucht, sein gutes Betragen und seine Bildung an und vergißt nicht, dezent darauf hinzuweisen, daß er ein Eunuch ist.[30] Goethe brachte es später auf den einfachen Nenner: »Ja der Haß gegen die Hofmeister ist ein ewiges Grundgesetz der Natur.«[31]

Dem Plädoyer für eine öffentliche Schulerziehung liegt das Verständnis der Aufklärung zugrunde, alle Schichten und Personen an einer entsprechenden Schulbildung Anteil haben zu lassen. Diese

»Emanzipation des Wissenserwerbs für alle«[32] korrespondiert mit der politischen Emanzipationsbewegung des Bürgertums im 18. Jahrhundert. Die Fähigkeit zur Selbsterkenntnis und zur Erkenntnis der Welt soll dem Schüler durch einen entsprechenden Unterricht gelehrt werden. Dies ist der »emanzipative Kern der Aufklärungspädagogik«.[33] Diese Aufklärungspädagogik findet ihren Niederschlag in entsprechenden Veröffentlichungen. Der Buchmarkt boomt. Allein 156 Schriften über die physische Erziehung der Kinder erscheinen zwischen 1750 und 1820.

Eine qualifizierte Lehrerausbildung hingegen gab es im 18. Jahrhundert nicht. Bei der Besetzung einer Dorfschullehrerstelle in Pommern beispielsweise bewarben sich Handwerker wie Schuster, Schneider, Weber und Kesselflicker sowie ein Unteroffizier. Über den ausgewählten Weber heißt es im Protokoll:

> *Hat gesungen: a) O Mensch, beweine dein ...; b) Zeuch ein zu deinen Thoren ...; c) Wer nur den lieben Gott läßt ...; Doch Melodie ging ab in viele andere Lieder; Stimme sollte stärker sein, quekte mehrmalen, so doch nicht sein muß. Gelesen Josua 19, 1–7 mit 10 Lesefehlern; buchstabirte Josua 18, 23–26 ohne Fehler. Dreierlei Handschriften gelesen – schwach und mit Stocken; drei Fragen aus dem Verstand, hierin gab er Satisfaction. Aus dem Catech.[ismus] den Decalog und die 41. Frage recitirt ohne Fehler; dictando drei Reihen geschrieben – fünf Fehler; des Rechnens auch nicht kundig.*[34]

Im März 1788 wurde in Weimar nach den Plänen Herders ein Seminar zur Ausbildung von Landschullehrern eröffnet. In dem sogenannten Regulativ von Herders Hand heißt es dazu:

> *... nicht eine unnütze Art von Aufklärung wollte das Seminar den künftigen Lehrern verschaffen, bei der sie sich etwa selbst überklug dünken und ihren künftigen Lehrlingen eher nachteilig als nützlich werden. Vielmehr ist es der einzige Zweck, fern von allen Ostentationen und pädagogischen Spielwerken, jungen Leuten, die sich dem Schulstande widmen, eine bequeme Gelegenheit zu verschaffen, das Notwendige und wahrhaft Nützliche ihres künftigen Berufes durch Unterricht und durch eigene Übung zu lernen: denn die beste Geschicklichkeit eines Schullehrers wird nur durch Übung und Methode erlangt.*[35]

Diese ›jungen Leute‹ sollten beim Eintritt ins Ausbildungsseminar nicht jünger als vierzehn Jahre sein und gute Zeugnisse vorlegen können. Nach einer kurzen Lernphase sollten sie gleich selbst lehren üben, gegen eine kleine Vergütung. Alle Schüler wurden in einer einzigen Klasse unterrichtet.

Erst um 1800 hatte sich die berufliche Qualifizierung eines Lehrers entscheidend verbessert, doch gab es schon zuvor wenigstens vereinzelt Bemühungen, die Qualität der Lehrerausbildung zu steigern, wie das Beispiel Koblenz zeigt. 1786 wurden dort die Lehrerkandidaten in folgenden Fächern geprüft: Katechetik, Sprachlehre (Aussprache, Buchstabenkenntnis, Lesen, Rechtschreibung, rhetorische Kenntnisse), Schreibkunst, Holz- und Landwirtschaft, Bienen- und Baumzucht, Rechnen (Grundrechenarten, Maße und Gewichte, Münzen), Gesang. Später kamen noch die Fächer allgemeine Pädagogik, Nationalgeschichte, Geographie und Naturkunde hinzu. Dieses Fächerspektrum spiegelt den »typisch aufklärerischen Fächerplan für die Lehrerausbildung und zugleich für die Elementarschule«[36] wider. Allerdings bestand ein erheblicher Widerspruch zwischen diesen Ausbildungszielen und der Realität der Schul- und Unterrichtspraxis. Im Nebenberuf waren etwa in Brandenburg von mehr als 400 Lehrern und Küstern in den Jahren 1668 bis 1806 knapp 71% im Schneider- und Textilhandwerk tätig, hingegen nur wenig mehr als 4% von ihnen waren ehemalige Soldaten.[37] Für die Neumark ergibt sich ein ähnliches Bild. Zwischen 1770 und 1805 waren dort 52% der Lehrer nebenbei als Schneider tätig. Eine Erklärung, weshalb mehr als die Hälfte dieser Lehrer auf dem Land dem Schneiderhandwerk nachgingen, gibt es nicht. Die unterste Stufe der Lehrerschaft bildeten die sogenannten Wanderlehrer. Im Bezirk Trier-Saarbrücken etwa waren dies Tagelöhner oder Hirten, die im Winter, wenn die Kinder nicht als Arbeitskräfte für Aufgaben in Feld und Stall unabkömmlich waren, ihre saisonale Winterschule abhielten. Sozial angesehener als diese Wanderlehrer waren jene Bauern, Handwerker und Kaufleute, welche auch nebenbei als Lehrer unterrichteten.

Insgesamt läßt sich festhalten, daß sich in der zweiten Hälfte des 18. Jahrhunderts eine Politisierung des Themas Schule in dem Sinne vollzieht, als nun öffentlich über Verbesserungen des Unterrichts, der Lehrerausbildung und der Kindererziehung debattiert wurde und diese Verbesserungen teilweise auch in entsprechenden Reformprojekten erprobt wurden. Schule als öffentlicher Diskurs ist von nun an mit der gesellschaftlichen Entwicklung insgesamt gekoppelt. Die Literatur ist an diesem Politisierungs- und Bewußtwerdungsprozeß des Diskurses nicht unwesentlich beteiligt. Wie sich eine Gesellschaft formiert, hängt davon ab, wie sich ihr Wissen formiert, dies wiederum ist durch die Strukturen und Techniken des Wissenserwerbs bedingt. Diese Einsicht ist mit der Aufklärung als historisch-gesellschaftlichem Prozeß in Deutschland unauflösbar verknüpft. Die heutige Forschung bewertet diesen »Gestaltwandel«[38] der Schule in Deutschland als relativ ungebrochenen Verlauf von 1760/1770 an bis weit in die erste Hälfte des 19. Jahrhunderts hinein.

Die Funktionalisierung und Politisierung der Schule erreicht im 19. Jahrhundert einen ersten und im 20. Jahrhundert in der Gleichschaltung der Schulen im Nationalsozialismus einen traurigen Höhepunkt.[39] Die frühe politische Vereinnahmung wird am deutlichsten in der *Allerhöchsten Ordre* Kaiser Wilhelms II. vom 1. Mai 1889, worin er die Schule als Bollwerk gegen Sozialismus und Kommunismus verstanden wissen will:

> *Schon längere Zeit hat Mich der Gedanke beschäftigt, die Schule in ihren einzelnen Abstufungen nutzbar zu machen, um der Ausbreitung sozialistischer und kommunistischer Ideen entgegenzuwirken. In erster Linie wird die Schule durch Pflege der Gottesfurcht und der Liebe zum Vaterlande die Grundlage für eine gesunde Auffassung auch der staatlichen und gesellschaftlichen Verhältnisse zu legen haben. Aber Ich kann Mich der Erkenntniß nicht verschließen, daß in einer Zeit, in welcher die sozialdemokratischen Irrthümer und Entstellungen mit vermehrtem Eifer verbreitet werden, die Schule zur Förderung der Erkenntniß dessen, was wahr, was wirklich und was in der Welt möglich ist, erhöhte Anstrengungen zu machen hat. Sie muß bestrebt sein, schon der Jugend die Ueberzeugung zu verschaffen, daß die Lehren der Sozialdemokratie nicht nur den göttlichen Geboten und der christlichen Sittenlehre widersprechen, sondern in Wirklichkeit unausführbar und in ihren Konsequenzen dem Einzelnen und dem Ganzen gleich verderblich sind. Sie muß die neue und die neueste Zeitgeschichte mehr als bisher in den Kreis der Unterrichtsgegenstände ziehen und nachweisen, daß die Staatsgewalt allein dem Einzelnen seine*

Familie, seine Freiheit, seine Rechte schützen kann, und der Jugend zum Bewußtsein bringen, wie Preußens Könige bemüht gewesen sind, in fortschreitender Entwicklung die Lebensbedingungen der Arbeiter zu heben, von den gesetzlichen Reformen Friedrichs des Großen und von der Aufhebung der Leibeigenschaft an bis heut. Sie muß ferner durch statistische Thatsachen nachweisen, wie wesentlich und wie konstant in diesem Jahrhundert die Lohn- und Lebensverhältnisse der arbeitenden Klassen unter diesem monarchischen Schutze sich verbessert haben.[40]

Die Funktionalisierung der Schule für die Politik ist offensichtlich, die Einschreibung des Schuldiskurses in einen öffentlichen, gesellschaftlichen Machtdiskurs ist nicht zu übersehen. Wenn über Schule von nun an gesprochen oder geschrieben wird, dann wird auch über staatliche Gewalt und gesellschaftliche Macht geredet. Nicht der pädagogische Auftrag steht im Mittelpunkt, sondern die staatsbürgerliche Disziplinierung. Besonders deutlich wird dies in den sogenannten Kadettenanstalten, jenen Militärinternaten, die den Offiziersnachwuchs des Militärs rekrutierten, in Preußen ebenso wie in Österreich-Ungarn, wie die Beispiele von Musil, Rilke und Wildenbruch zeigen. Die Bedenken, ja kritischen Worte Wilhelm von Humboldts etwa blieben ungehört. Dieser nahm schon am 8. Juli 1809 unter Bezug auf ein Gutachten seines Mitarbeiters Süvern wie folgt Stellung:

Allein die Kadetten-Häuser sind auch Spezial-Schulen, die das frühe Alter schon für den Militärstand in Anspruch nehmen, lange zuvor ehe es den Weg allgemein-notwendiger Bildung zurückgelegt hat und auf ihm so weit geführt ist, daß über seine Anlage und Neigung zu einem bestimmten Fache sich nicht mehr zweifeln läßt. Sie tun daher der menschlichen Natur eine Gewalt an, […].
Auf diese Weise scheinen die Kadettenhäuser nunmehr bei zweckmäßiger Organisation des öffentlichen Unterrichtswesens überflüssig.[41]

Im Jahr 1840 gab es in Preußen fünf Kadettenanstalten mit insgesamt 720 Schülern.[42] 1877 wurde für diese Schulform der Lehrplan des Realgymnasiums eingeführt. Der Unterricht der Schüler glich einer Ausbildung für junge Soldaten. In der zweiten Hälfte des 19. Jahrhunderts verfestigte sich diese militärische Funktionalisierung der Schule vollends. In einer Kabinettsorder vom 13. Februar

1890 etwa heißt es unmißverständlich, die Kadetten sollten neben den für den Militärberuf unmittelbar erforderlichen »Vorkenntnisse[n] und Fertigkeiten [...] auch ein geistiges Rüstzeug erhalten, welches befähigt, selber dereinst in der Armee, der großen Schule der Nation, sittlich erziehend und belehrend zu wirken«.[43] Schule hieß in erster Linie Knabenschule, die ›Schule der Nation‹ war eine Schule der Männer. Von einer gemeinsamen Erziehung von Jungen und Mädchen war man noch immer weit entfernt. So ist auch trotz der Schulreformprojekte zu Beginn des 20. Jahrhunderts die erstaunte Feststellung einer Schülerin im *Tagebuch eines halbwüchsigen Mädchens* von 1919 zu verstehen: »Ich schwärme für Amerika, das Land der Freiheit. Dort gehen Knaben (d.h. junge Burschen) und Mädchen *zusammen* in die Schule!!«[44] Die genannte ›sittliche Erziehung‹ durch die Schule betraf also in erster Linie die ›sittliche Erziehung‹ der Jungen. Über diese Erziehung hatte schon der Philosoph Hegel in seiner *Rede zum Schuljahrabschluß am 2. September 1811* geschrieben:

> *Die Schule [...] ist auch ein besonderer* sittlicher Zustand, *in welchem der Mensch verweilt und worin er durch Gewöhnung an wirkliche Verhältnisse praktisch gebildet wird. Sie ist eine Sphäre, die ihren eigenen Stoff und Gegenstand, ihr eigenes Recht und Gesetz, ihre Strafen und Belohnungen hat, und zwar eine Sphäre, welche eine wesentliche Stufe in der Ausbildung des ganzen sittlichen Charakters ausmacht. Die* Schule steht *nämlich* zwischen der Familie und der wirklichen Welt *und macht das verbindende Mittelglied des Übergangs von jener in diese aus.*[45]

Daß diese ›praktische Bildung‹ des Schülers in der gesellschaftlichen Wirklichkeit gerade das Gegenteil bedeuten kann, nämlich die Einübung von Macht und Gehorsam, hatte im 18. Jahrhundert ein kritischer Zeitgenosse erkannt, freilich weniger idealistisch, als vielmehr vor den wahren Zusammenhängen warnend: »fast immer liegts an den Erziehern des Volks, wenn letzteres sich nicht mit Vätern behelfen kann, sondern Zuchtmeister bedarf – wenn es nicht aus Kindern, sondern aus Sclaven bestehet – nicht aus Menschen, sondern aus Unmenschen.«[46] Und genau einhundert Jahre nach Hegels Schulrede ist von der Bildung des sittlichen Charakters des Menschen durch die Schule keine Rede mehr. In Berlin hatten sich drei Schüler eines Schuljahrgangs umgebracht, nicht, weil sie das ›innere Gleichgewicht‹ verloren hatten, wie es offiziell hieß, sondern weil sie mit ihrer »Literaturbegeisterung, Kunstleidenschaft« und ihrem »politisch oppositionelle[n] Denken«[47] keinen Ort in der Schule gefunden hatten. Der Expressionist Franz Pfemfert kritisiert in der von ihm herausgegebenen Zeitschrift *Die Aktion* von 1911 aus diesem Anlaß radikal das wilhelminische Schulsystem:

> *Unsere Schulen werden geistige und körperliche Strafanstalten bleiben [...]. Vom Staate ist eine Abhilfe nicht zu erwarten, greifen wir zur Selbsthilfe: hören wir endlich auf, in unseren Kindern die Autoritätsgläubigkeit vor* dieser *Schule zu stärken! Wir haben nicht das Recht, unsere Jugend in scheuer Ehrfurcht vor einer Institution zu erhalten, die auf den Schutthaufen der Vergangenheit gehört! Diese lebensfremde Schule, die der Knabenseele so feindlich, so verständnislos gegenübersteht, die von unseren Kindern nicht geliebt werden kann, sie soll auch von ihnen nicht gefürchtet werden. Wir können aber die Furcht vor der Schule, vor den geistigen und körperlichen Strafen der Schule von unseren Jungen und Mädchen nur fernhalten, wenn wir aufhören, die Qualen, die ihnen die Unterrichtszeit bereitet, als etwas für das spätere Leben unbedingt Notwendiges darzustellen, wenn wir aufhören,* für *die Schule und* gegen *die Kinder Partei zu ergreifen. Gewiß, wir erschweren dann den Lehrern den Beruf. Aber wir wollen ja noch mehr: wir wollen den Unterricht in der Form, wie er heute geschieht, überhaupt unmöglich machen. Die verknöcherte Unterrichtsmethode unserer Schulen setzt verängstigte, autoritätsduslige Kinder voraus. [...] Sorgen wir also dafür, daß unseren Pädagogen das Drillmaterial fehlt.*[48]

Von Hegels Idealmodell einer sittlich bildenden Schule zu Pfemferts radikaler Kritik war es ein weiter Weg. Und die Frage bleibt unbeantwortet, wo wir heute stehen, nach dem restaurativen Beginn in den fünfziger Jahren, nach der Bildungsreform in den Sechzigern, nach der Reform der gymnasialen Oberstufe in den siebziger Jahren und nach einer Phase der Reformmüdigkeit in den achtziger und neunziger Jahren. Diese Frage aber zu überdenken, können uns die literarischen Spiegelbilder der Schule im 19. und 20. Jahrhundert wenigstens helfen.

»Das allein seligmachende Preußentum«

Conrad Ferdinand Meyer: Das Leiden eines Knaben

Conrad Ferdinand Meyer (1825–1898) veröffentlichte seine Novelle *Das Leiden eines Knaben* 1883. Erste Überlegungen dazu gehen bis ins Jahr 1877 zurück. Dem Thema liegt eine Notiz zugrunde, die Meyer in den Memoiren des Saint-Simons von 1709 fand und die auf einer wahren Begebenheit beruhte: Der Sohn des Marschalls Boufflers, der ein Jesuitenkollegium besuchte, sei an den Folgen der Bestrafung für einen Schülerstreich gestorben. Am 16. Juni 1877 spricht Meyer brieflich von einer höchst ergreifenden Knabengeschichte, woran er arbeite und meint damit die Novelle.[1] Der Untertitel von Meyers Erzählung nennt ausdrücklich die Gattung Novelle, die zugleich als anschauliches Beispiel einer Novelle der Literatur des Realismus dienen kann. Mit der Gattungsbenennung ist vom Autor eine Lesevorgabe getroffen, die er seinerseits kunstvoll einlöst. Die wichtigsten handwerklichen Merkmale sind die Reduktion auf wenige Hauptfiguren, die Schachtelung durch Rahmenerzählung und Binnenerzählung, die Dingsymbolik, der Höhepunkt, das dynamisierende Element. Diese Strukturmerkmale erklären freilich nicht die Bedeutung dieser Novelle für die Schulthematik. Sie ist auf einer anderen Ebene zu suchen und liegt darin, daß Meyer erstmals die Nachteile der öffentlichen *schulischen* Erziehung drastisch ins Bewußtsein rückt. Hier geht es nicht um eine nette Pennälergeschichte, sondern um den Tod eines jungen Menschen. Innovativ ist, daß Meyer hierfür die Prosaform wählt, während Lenz im *Hofmeister* der Drastik und Dramatik des Themas noch in Dramenform gerecht zu werden suchte. Historisch gesehen ist Lenz ein Vorläufer, dessen Bedeutung darin liegt, daß er das Thema Schule (öffentlicher

Unterricht und privater Unterricht) in die Öffentlichkeit stellt, dem Thema Öffentlichkeit verschafft und den literarischen Diskurs so zu einem gesellschaftlichen Thema macht. Dem Schuldiskurs sind von nun an die Themen Sexualität und Macht eingeschrieben. Meyer hingegen gelingt es, den Beginn einer Prosatradition in der deutschen Literatur zu schaffen. Das adäquate Medium des Themas Schule wird von nun an in der Literatur die Erzählung sein.

Den Editoren von Meyers Novelle ist entgangen, daß der Autor stets, solange er an diesem Text arbeitet und darüber berichtet, von *den* Leiden eines Knaben spricht. Zwischen Juni 1877 und Juni 1883 verwendet er nachweislich viermal den Plural und stellt damit unübersehbar einen großen literaturhistorischen Rahmen her. Wie es zur Änderung in den Singular *Das Leiden eines Knaben* kam, wissen wir nicht. Meyer scheint dem Herausgeber der Zeitschrift, in der die Novelle zuerst veröffentlicht wurde, mehrere Titelvorschläge gemacht zu haben. Möglicherweise beruht die Änderung von ›Die Leiden‹ in ›Das Leiden‹ auf einem dieser Vorschläge, vielleicht war sie aber auch gar nicht von Meyer autorisiert. Der Titel spielt dennoch mit zweierlei großen geschichtlichen Traditionen. Einmal mit der christlichen Passionsgeschichte, das Leiden eines Knaben wird parallel gesetzt zum Leiden Christi; zum anderen mit einer literaturgeschichtlichen Tradition, Goethes Roman *Die Leiden des jungen Werthers*. Bereits die Jugendlichkeit von Meyers Hauptfigur – es geht, folgt man dem Titel, zunächst ja um die Hauptfigur eines Knaben – greift die Altersangabe ›jung‹ von Goethes *Werther* auf. Erst in der Mitte des Textes wird der Titel ausdrücklich erwähnt. Ein auktorialer Erzähler, der sich hinter der Figur des Fagon versteckt, benennt »das Leiden des Knaben und seine Mühe zu leben« (S. 36 f.).[2]

Ein »Buch für die Frauen« und eine »Strafnovelle«[3] nennt Meyer seinen Text. Letztere Bemerkung solle man nicht ernst nehmen, raten die Herausgeber, doch ist Skepsis angebracht gegenüber solchen Deutungsvorgaben. Denn ›Strafnovelle‹ bringt, ob augenzwinkernd oder ernst, den Abstrafungscharakter des Textes zum Ausdruck. Meyer litt unter den Umständen der Entstehung des Textes, unter Publikationszusagen und Terminnöten. Und das Wort ›Strafnovelle‹ trifft auf der Textebene auch den Inhalt, der leidende Knabe wird für sein Leiden gestraft und leidet und zerbricht schließlich an der Strafe. ›Strafnovelle‹ gewinnt eine weitere Bedeutung, wenn man den Zusammenhang mit Meyers Hinweis, die Novelle sei ein Buch für Frauen, herstellt. Demnach würden Frauen zum Objekt der Abstrafung. Wenn es denn nach Kommentatorenansicht so sicher ist, daß der Autor Meyer in dieser Novelle mehr als in anderen Novellen seine eigenen seelischen Bedrängnisse aufarbeitet, der Text also, was seine psychische Struktur betrifft, hochgradig autobiographisch aufgeladen ist, dann hätte eine biographische Deutungsabsicht auch diese Fährte aufzunehmen und zu verfolgen.

Meyers Entscheidung, auf ein Thema der unmittelbaren Gegenwart der 1880er Jahre zu verzichten und statt dessen die Handlung nach der historischen Vorlage im Zeitalter Ludwigs des Vierzehnten spielen zu lassen, dessen absolutistische Regentschaft die Jahre von 1643 bis 1715 umfaßt, kann als Entscheidung dafür verstanden werden, das Exemplarische des Falls deutlicher hervorzukehren. Meyers Novelle bildet so gesehen eine Ausnahme unter den Schultexten, da sie das Thema Schule nicht an die Darstellung von Gegenwartsbezügen bindet. Demnach ginge es in Meyers Text weniger um einen konkreten Einzelfall, als vielmehr um grundsätzliche Fragen der Erziehung durch Eltern und Lehrer, der Erziehungsmethoden, der Bestrafung und Disziplinierung. York-Gothart Mix bescheinigt dem im *Leiden eines Knaben* dargestellten Erziehungskonflikt, daß er »von der bloßen Episode herkömmlicher Bildungs- und Entwicklungsromane zum autonomen literarischen Thema der Prosa«[4] avancierte.

Bereits der Eingang des Textes täuscht den Leser. Die Worte »der König hatte das Zimmer der Frau von Maintenon betreten« (S.3) lassen eine historische Novelle erwarten, in deren Mittelpunkt der Pariser Hof um den Sonnenkönig steht. Doch indem Meyer den Rahmen der Novelle mit dem König selbst, seiner Frau und seinem Leibarzt besetzt, unterstreicht er die Bedeutung des Themas: Sogar der König beschäftigt sich mit dem Leiden dieses Knaben. Die kammerspielartige Intimisierung des Berichts wird durch die Wahl des Erzählorts und durch die knappe Auswahl der am Gespräch beteiligten Personen erreicht. Damit erlangt das eigentlich ›private‹ Problem eines Vaters, der seinen Sohn in ein Internat schickt, den Status einer öffentlichen Affäre. Das Thema Schule ist politisiert. Die grundsätzliche Bedeutung der Öffentlichkeit für den literarischen

Diskurs Schule zeigt sich in der Bedeutung, welche die Themen Öffentlichkeit und Privatheit in der Novelle Meyers haben. Der König berichtet zunächst von seinem neuen Beichtvater Père Tellier, der ein Wolfsgesicht habe, als ein strenger Mann gelte und eine abstoßende Erscheinung sei. Dieser wolfsgesichtige Jesuit ist jener Lehrer des jungen Julian Boufflers, der diesen zu Tode quälen wird. Kontrastiv zu dieser weiteren Entwicklung der Geschichte läßt Meyer den König sagen, man habe ihm den Pater als persönlichen Beichtvater empfohlen, da man ihm »ein Gewissen übergeben« (S. 5) könne. Unausgesprochen steht dahinter der Kontrast, ein Gewissen sei ihm anzuvertrauen, nicht aber ein junger Mensch. Der Leibarzt des Königs, Fagon, betritt das Zimmer und erklärt seine Abneigung gegen den Pater, dieser habe einen »edeln Knaben gemordet«, er habe ihn, wie es Fagon salopp formuliert, »unter den Boden gebracht« (S. 7). Damit ist die Neugier des Königs und der Königin ebenso entfacht, wie es auf der Ebene der Lesehaltung ein Kunstgriff ist, nun die eigentliche Geschichte des Textes aus der Sicht einer Figur erzählen zu lassen.

Julian wird durchgängig als unbegabt, unfähig und dumm charakterisiert. Auch seine Mutter gilt dem Mann Fagon zwar als blond und hübsch, aber dumm (vgl. S. 13). Von Gleichaltrigen und von Erwachsenen wird Julian ›le bel idiot‹ genannt, der schöne Stumpfsinnige (vgl. S. 9). Und dabei zeigt sich Julian durchaus als beredt und keinesfalls begriffsstutzig. Denn Julian, der Sohn des königlichen Marschalls, ist nicht Opfer seiner eigenen Dummheit, sondern Opfer des Ehrgeizes seines Vaters und der Ignoranz und Besessenheit des Lehrers. Julian wird allenfalls zum Mittäter insofern, als er den Leistungsdruck und den Ehrenkodex seiner aristokratischen Umwelt verinnerlicht und daran zerbricht, daß er nicht die geforderten Leistungen erbringen kann. »Ich bin zurückgeblieben« (S. 30), bekennt er schon bald seinem Freund und Maler Mouton und erduldet, daß er in eine niedrigere Klassenstufe zurückversetzt wird. Der König charakterisiert Julian zunächst geschlechterdifferent als »schüchtern und kleinmütig, wie kein Mädchen« (S. 8). Klägliches Stottern und peinliches Erröten werden als unmännliche Verhaltensformen benannt. Dies kann als Lesesignal verstanden werden, Julian ist der aristokratischen und militärischen Männerwelt nicht gewachsen, muß aber deren Verhaltensstandards und Bewußtseinsformen reproduzieren lernen. Dazu gehört nach Ansicht seines Vaters und Fagons die Ausbildung im Jesuiteninternat. Julian scheitert also an der Unerbittlichkeit des väterlichen Worts.

Die Aufforderung des Königs, Fagon solle sich setzen und die Geschichte dieses Knaben erzählen, ist die Selbstlegitimation des Autors. Der Leibarzt wird zum Rahmenerzähler, hinter den zunächst der Autor Meyer zurücktritt, und nur eine biographische Deutung vermag sich selbst die Gewißheit verschaffen, wann der Autor und wann der Rahmenerzähler spricht. Denn nur allzugern hat die Meyer-Forschung in dieser Novelle ausschließlich biographische Bezüge des Autors erkennen wollen.

Auf dem Sterbebett nimmt Julians Mutter dem Arzt das Versprechen ab, daß er sich zukünftig um ihren Sohn kümmern werde. So werden die beiden Lebensläufe des Knaben und des alten Leibarztes miteinander verschränkt. Die Mutter klagt Fagon von der mangelnden Begabung ihres Sohns, auch sie selbst sei unbegabt. Sie hat also bereits erfolgreich die Charakterisierung und Stigmatisierung ihrer Umwelt verinnerlicht. Da sich Julian sehr nach der Mutter sehnt, ist es nur schlüssig, daß auch ihm in der Annäherung an die phantasierte Mutter die Verinnerlichung der Demütigungen und Entmündigungen durch seine Mitmenschen früh gelingt. Die Mutter erscheint ihm regelmäßig im Traum und wird zur Instanz der Durchhalteappelle: »›Halt aus, Julian! Es wird noch gut!‹« (S. 44), redet sie ihm zu. Mutter und Sohn gleichen sich in der Selbstdiagnose, daß sie unbegabt sind. Die Marschallin weist Fagon ausdrücklich darauf hin, daß ihr Sohn »körperlich nicht übertrieben« (S. 14) werden darf. Hier liegt bereits die thematische Anbindung für Rilkes Erzählung *Die Turnstunde.* Die Bedeutung der ›Körperertüchtigung‹ als Symptom wilhelminischen Körperkults und als gesellschaftlich legitimiertes Männlichkeitsritual kennzeichnet diesen Text. Julian ist zwar als Figur eines Schultextes in einem religiösen Internat, doch ist die paramilitärische Struktur des Jesuitenordens bekannt und zudem sein Vater hochrangiger Militär. Julians blondes Ringelhaar und sein – wie es im Text heißt – untadeliger Körperbau bilden jene Kriterien, die dem Arzt als Naturwissenschaftler die Erkenntnis erlauben, Julian sei »zur Meisterschaft in jeder Leibesübung« (S. 16) befähigt. Später entpuppt Julian sich dann in der Beschreibung Fagons als ausgezeichneter Fechter und guter Reiter (vgl. S. 32). Die

Mahnung der Mutter ist bereits vergessen, was Wunder, galt sie Fagon ohnehin als dumm.

Der Zusammenhang von seelischer Entwicklung und körperlicher Züchtigung ist im Text von Beginn an gegeben. Der Körper des Schülers wird zum Medium der Fortschreibung und Festigung gesellschaftlicher Machtstrukturen. Der private Leib des Schülers wird mit Meyers Novelle zum öffentlichen Leib der Schule. »Keusch und enthaltsam« reagiert Julian auf den Tod der Mutter, »männliches Naturell und früh geübte Selbstbeherrschung« (S. 15) erkennt darin Fagon. Julian ist zu diesem Zeitpunkt dreizehn Jahre jung. Die Vermännlichung des Knaben beginnt mit der Einübung in die Regulative der Selbstdisziplinierung. Fagon bringt es auf die Formel: »Ohne Selbstvertrauen kein Mann!« (S. 44). Julian reproduziert damit Verhaltensweisen seines Vaters, der von Meyer als Inbegriff tugendhafter Pflichterfüllung beschrieben wird. Pflicht, Ehre und Treue sind auch jene Tugenden, derer der König bedürfe und die später Fagon Julian nennen wird (vgl. S. 44). Die Familie des Vaters hingegen ist die Staatsfamilie; wie er den Tod seiner Frau schnell überwindet und wieder heiratet, so kennt er auch seinen Sohn nicht. Arbeit und Pflicht sind die wahren Objekte seines staatsfamilialen Interesses, sein ›Kind‹, um das er sich kümmert und das er pflegt ist der »Nimbus seiner Ehre« (S. 22). Dieser Aspekt von Privatheit und Öffentlichkeit bestimmt auch Julians Wechsel des Unterrichtssystems. Als Sohn eines hohen Beamten wird er bis zum Tod der Mutter von einem Privatlehrer, auch er Geistlicher (vgl. S. 16), unterrichtet. Meyers Knabe ist gewissermaßen der letzte der durch einen Hofmeister unterrichteten Schüler in der Literatur, er steht bereits an der Schwelle zur öffentlichen Schule. Meyers Novelle kommt damit literaturhistorisch gesehen die Funktion einer Gelenkstelle zu. Der Tod der Mutter als der ›privatesten‹ Person bedeutet für Julian also auch den Eintritt in die öffentlichen Riten der Macht, das Jesuitenkollegium. Fagon unterhält sich mit dem Hauslehrer über den bevorstehenden Schulwechsel. Ein miserables Zeugnis im übertragenen Sinn wird ihm ausgestellt: Rührender Fleiß, tapfere Ausdauer, unglaublich mittelmäßig, Mangel an Kombinationsfähigkeit, Mangel an dialektischem Denken, absolute Geistlosigkeit; Scharfsinn, rednerischer Witz und Leidenschaft sowie Einbildungskraft fehlten gänzlich, einfache Begriffe und ärmste Worte stünden ihm nur zur Verfügung, unschuldig und naiv sei seine Rede – so wird der Schüler Julian und so werden seine Leistungen beschrieben. Dies betrifft die Figurenebene, so charakterisieren ihn Fagon und der anonyme Hauslehrer. Aber auf der Autorebene macht Meyer durch die spärliche direkte Rede Julians im Text unmißverständlich deutlich, daß diese Charakterisierung falsch ist. Schon die erste knappe wörtliche Rede Julians zeigt, daß dieser Junge sich sprachlich auszudrücken vermag (vgl. S. 29). Und seine zweite Rede, eine Erzählung in der Erzählung Fagons, gleicht einem gekonnten Vortrag (vgl. S. 41–44). Zudem hat Julian zeichnerisches Talent, er wird vom Tiermaler Mouton unterrichtet, allerdings in einem nicht-schulischen Rahmen. Sein Verhalten im gesellschaftlichen Umgang, seine Antworten auf Fragen zeugen von rhetorischen Kenntnissen, seine Höflichkeit dem anderen Geschlecht (und nicht nur Gleichaltrigen) gegenüber in jener Gartenszene (vgl. S. 33 ff.), wo Fagon und Julian der Gräfin Mimeure und der jungen Mirabelle Miramion, die nach Julians eigener Aussage seiner Mutter gleiche (vgl. S. 45), begegnen, ist bestechend. Meyer selbst hat diesen Widerspruch in der Figurenzeichnung erkannt und konstatierte einen zweifachen erzählerischen Mangel am Text: Den Erzählrahmen bezeichnet er im Nachhinein als etwas unnatürlich, und Julian überschreite gelegentlich in seinen Reden für einen Unbegabten seinen Horizont.[5]

Für Fagon steht fest, das »Grundgesetz dieser Knabenseele« ist die »Ehre« (S. 17). Ihm entgeht dabei, daß dieses Grundgesetz das Gesetz der anderen ist, das Gesetz des Vaters, des Standes, der Gesellschaft und der Religion. Julian versucht sich diesem Verinnerlichungsdruck anzupassen, doch scheitert er. Damit ist ein zentrales Thema der Schultexte benannt, sie handeln vom Scheitern ihrer Protagonisten und Protagonistinnen, sie sind allesamt Prosatragödien. Eine geglückte Schulsozialisation wird nicht Gegenstand eines Schultextes.

Der Lehrer, Pater Tellier, wird als tückischer Wolf (vgl. S. 7) und als reißender Wolf (vgl. S. 50) beschrieben. Falsch, verschlagen, aggressiv ist er. Die Aggressivität des geistlichen Vaters richtet sich eigentlich gegen Julians leiblichen Vater, da dieser einen Betrugsversuch der Jesuiten mit aufdecken half. Doch ist dies erzähltechnisch gesehen eher ein Blindmotiv. Zur Erklärung und Veranschaulichung der sadistischen Quälerei des Paters trägt es wenig bei, auch wenn

Meyer durch Fagons Trick, den Jesuiten im Glauben zu lassen, Julian sei möglicherweise ein uneheliches Kind des Königs und stehe unter dessen besonderem Schutz, eine Dynamisierung der Erzählung erreicht. Der Pater wird sich nicht bei Julian und nicht beim Polizeipräsidenten für seine Tat entschuldigen. Vielmehr charakterisiert er den Schüler Julian als »durchtrieben, ein Duckmäuser« und »Herrensöhnchen« (S. 35), unaufrichtig, heuchlerisch und gleisnerisch, verstockt – und keineswegs unbegabt oder beschränkt. Eine Entschuldigung sei für seinen Orden unannehmbar. Der echte Wolf im königlichen Garten, der von Fagon und Julian auf einem Spaziergang gesehen wird, ist gefangen und hinter Eisenstäben verwahrt. Im Leben des Jungen verhält es sich genau umgekehrt. Julian wird – räumlich gesehen – in einem Jesuiteninternat eingesperrt, er wird durch den Umgang mit wesentlich Jüngeren sozial unterfordert, eine Sozialkompetenz kann sich unter diesen Bedingungen nicht ausbilden, und psychisch gesehen wird er in einem Käfig von Vaterwort, Lehrerautorität und seelisch-körperlichen Qualen verwahrt. Der Aspekt der binnenpsychischen Kasernierung, der in vielen Schulerzählungen und Schulromanen nach der Jahrhundertwende vorherrschend wird, ist in diesem Text erstmals literarisch hervorgehoben.

Was von Fagon als »wunderliche Parodie einer ovidischen Szene« (S. 40) bezeichnet wird, die der Maler Mouton gezeichnet hat, entpuppt sich bei genauer Lektüre als eine Allegorie auf Julians Leiden. Mouton, der Tiermaler (!), zeichnet eine Szene nach Ovid, worin Pentheus vor den Mänaden flüchtet und von Bacchus mit einem plötzlich erscheinenden senkrechten Gebirge daran gehindert werden soll. Mouton besetzt diese Szene mit Julian, er stellt den Knaben dar, wie er mit »tödlicher Angst« (ebd.) in den Augen vor »nachjagenden Gespenstern« (ebd.) flieht. Diese Gespenster sind keineswegs geschlechtslos, es sind Frauengestalten, aber alterslos. Meyer schreibt weiter, »verkörperte Vorstellungen, Ängstigungen, folternde Gedanken« (ebd.) seien es. Einer dieser Frauen ist ein Jesuitenhut auf den rasierten Kopf aufgesetzt, sie trägt ein Buch unter dem Arm. Unverkennbar wird hier der Angst vor dem Lehrer und dem Lernen die Angst vor dem anderen Geschlecht eingeschrieben. Der Ort der Schule als Ort der Machtausübung ist zugleich auch der Ort der Begegnung mit der eigenen Sexualität. In erschreckender Drastik nimmt Mouton mit seinem Bild Julians Leidensweg vorweg. Eine unüberwindliche Felswand türmt sich plötzlich vor ihm auf, ein Entkommen scheint unmöglich. Diesen Moment des Schreckens und des Bewußtwerdens der Ausweglosigkeit der Situation hält die Zeichnung fest. Die Felswand wird im Text mit dem finsteren Schicksal verglichen. Phantasmen, Ängste, Traumata – das ist die Nahrung, mit der Julians Seele gespeist wird. Die Szene ist eine Allegorie auf Julians Leiden. Das Anrennen gegen eine Wand, die Unmöglichkeit einer Flucht und die Hilflosigkeit verstärken Julians Leiden, sie begründen es nicht, denn er entflieht ja den alterslosen Frauenfiguren, die auch Wissen und Religion verkörpern. Von hier aus betrachtet, gewinnt Meyers Wort von der Strafnovelle eine zusätzliche Bedeutung. Demnach wird Julian für etwas bestraft, das im räumlichen und zeitlichen Sinn weit zurückliegt. Ist es die Tatsache der Flucht selbst? Ist es der Gedanke, diesem Leiden entfliehen zu wollen, wofür er sich selbst durch diese Ängste und Phantasmen bestraft? Wird er verfolgt, weil er flieht, oder flieht er, weil er verfolgt wird? Die Textstelle läßt dies offen. »Stets hörte ich das Wort Dummkopf hinter mir flüstern, auf der Straße wie in der Schule, und meine Ohren schärften sich das grausame Wort zu vernehmen« (S. 43), bekennt Julian im Gespräch mit Fagon. Julian entflieht dem Vergessen, alles Gelernte vergißt er nämlich stets über Nacht (vgl. S. 43), auch darauf gründet sich seine ›Dummheit‹. Wissen und Religion sind ihm Instanzen des Vergessens, die Schule wird ihm zur Institution des Versagens. Wie aus einer späteren Bemerkung zu erschließen ist (vgl. S. 46), wird Julian dieses Bild noch genauer anschauen, doch bleibt vom Text her unklar, welche Schlußfolgerungen er daraus zieht.

Als sich Gottfried Keller für ein von Meyer übersandtes Exemplar der Novelle bedankt, formuliert er eine erstaunliche Lektürebeobachtung. Er schreibt dem Autor und Kollegen am 22. November 1883: »Ein vortrefflicher Contrast sind die beiden Knaben: Julian, der stirbt, wenn er von schlechter Hand geschlagen wird, und der junge Argenson, der ›Sehr gut!‹ sagt, wenn er von guter Hand eine Ohrfeige erhält! Und beide sind gleich brav!«[6] Der eine also leidet, während der andere bestraft zu werden wünscht. In diesen beiden Charakteren kommt allerdings die gleiche seelische Grundhaltung zum Ausdruck. Julian und der Sohn des Polizeipräsidenten Argenson lassen sich beide gleichermaßen freiwillig für eine Tat bestrafen, die mehr oder minder nichtig ist. Der eine erfüllt die Lernanforderungen nicht, der andere macht einen dummen Schülerstreich, dessen Opfer Julian wird. In beiden Fällen ist jedoch die Reaktion der Erwachsenen unverhältnismäßig. Julian wird schwer körperlich mißhandelt und stirbt an den Folgen, sein Schulfreund Victor Argenson bekommt das gesamte Gewicht der erzieherischen Autorität seines Vaters zu spüren, er wird am Kragen genommen und vor die Türe gesetzt, er wird angeherrscht und kommandiert. Entscheidend ist, daß beide Täter Erwachsene sind, die gesellschaftliche Macht repräsentieren. Der Pater als Jesuit vertritt die kirchliche Macht und Argenson als Präsident der Exekutive vertritt die staatliche Macht. Und beide Personen sind Männer, und beide Männer sind Väter, im eigentlichen wie im übertragenen Sinne. Victor wird vom eigenen Vater verbal gezüchtigt und von Fagon geschlagen, Julian selbst vom geistlichen Vater, dem Jesuiten Père Tellier.

Als Fagon schließlich den Jungen aus dem Internat befreien will, ist es zu spät. Julian wurde vom Pater Tellier mißhandelt und wird wenig später an den Folgen sterben. Ist es nun ein »schwerer Unfall« oder ein »großes Unglück« (S. 48) oder einfach nur ein Irrtum, wie der Polizeipräsident meint (vgl. S. 54), dieses Leiden eines Knaben? In der Schlußszene erfolgt die Apotheose der Tat, vom Unfall und Unglück, über den Irrtum zur Heldentat vollzieht sich die Entwicklung. Ausgerechnet Fagon bezeichnet Julian als Helden, das Leiden wird als Heldentat verklärt. Julian erfährt die weltliche Überhöhung als Held und die literarische Überhöhung, indem mit der Fahnengeschichte eine Parallele zu Schillers *Jungfrau von Orleans* hergestellt wird. Julians letzte Minuten werden zwar medizinisch von Fagon als Agonie beschrieben, sie erweisen sich aber auf der symbolischen Ebene als Auslöschen des Leidens im Heldentod. So wie nur der tote Sohn ein guter Sohn ist, ist auch nur ein toter Schüler ein guter Schüler. Doch nicht der Sohn, sondern der Vater phantasiert die Schlachtszene, er redet von Pflicht gegenüber dem König und Vaterland. Er will sein schlechtes Gewissen, daß er sich nie um den Sohn gekümmert hat, entlasten und befiehlt dem Sterbenden, nach einer imaginären englischen Fahne zu greifen. ›Vive le roi‹ sind die letzten Worte des Knaben. Wovor er floh, hat ihn nun auf dem Sterbebett endgültig eingeholt: das Vaterwort, das Wort des leiblichen Vaters ebenso wie das Wort des politischen Vaters. In dieser Szene wird deutlich, daß der Tod des Schülers wenigstens noch als Soldatentod im Dienst fürs Vaterland verstanden werden soll. Statt den Täter zur Strecke zu bringen, erhält das Opfer eine postume Ehrung im Wort.

Die Angst vor dem anderen Geschlecht, die Erkenntnis sexuellen Begehrens, vermischte sich in jenem Bild Moutons mit einer ausgeprägten Versagensangst, den Erwartungen der Vatermacht, des Wortes von Religion, leiblichem Vater, politischem Vater und Bildung, nicht entsprechen zu können. Die Schule bzw. das Internat wird in dieser Konstellation jener Ort, an dem diese Vermischung unauflöslich ins Bewußtsein tritt und für den Jungen peinigende Wirklichkeit ist. Die Schule gewährleistet die Gegenwärtigkeit des Vaterworts und damit die Anwesenheit von Autorität. Die Kunst des Autors Meyer liegt darin, dies öffentlich zu machen und nicht als ein individuelles Problem auszugrenzen, es vielmehr als gesellschaftliches Anliegen und als historische Bedrängnis ernstzunehmen.

Arno Holz, Johannes Schlaf: Der erste Schultag[7]

Die Erzählung *Der erste Schultag* erschien erstmals 1889 in dem gemeinsam von Arno Holz (1863 – 1929) und Johannes Schlaf (1862 – 1941) verfaßten Buch *Papa Hamlet*. 1924 hat Holz einen Einzeldruck des *Ersten Schultags* veranstaltet und dabei die meisten Namen sowie Kleinigkeiten in Interpunktion, Orthographie, Absatzmarkierung etc. geändert. Welche Anteile aus seiner und welche aus Schlafs Feder stammen, läßt sich nicht sagen. Aufgrund des Einzeldrucks mag vieles dafür sprechen, daß sich Holz als Alleinautor verstanden hat. Vielleicht waren es aber auch schlicht ökonomische Gründe, die ihn zu diesem Druck veranlaßt haben.

Der erste Schultag gehört zu den wenigen Schultexten, die ihr Thema am Schultyp der Grundschule ausführen. Streng genommen begrenzen die Autoren Holz und Schlaf das Thema auch nicht auf die Darstellung der Schule, sondern auf die Schilderung des ersten Schultags des kleinen Jonathan. So ist die Erzählung in drei Teile gegliedert, die gleichsam auch den Tagesablauf dieses ersten Schultags strukturieren. Der erste Teil ist dem Geschehen im Klassenraum und den Wahrnehmungen der kleinen Schüler gewidmet. Der zweite Teil handelt von einer Jahrmarktsszene und dem schon älteren Schüler Kotel Thiem, der Jonathan begegnet. Der dritte Teil zeigt die eher private Begegnung Jonathans mit dem toten Großvater.

Jonathans Schule wird von Rektor Borchert geleitet. Dieser ist nicht jener betuliche und etwas schusselige Lehrer Lämpel, den Wilhelm Busch beschreibt und den Max und Moritz bis zur Dienstunfähigkeit plagen. Borchert ist ein Sadist und ein Vorläufer jener bürgerlichen Tyrannen, die Staatsautorität auch in der entferntesten Schule garantieren. Seine pädagogische Macht beruht auf körperlicher Gewalt, Angst und Schrecken sind die Apparaturen seiner Herrschaft im Klassenraum. Bereits in der Eingangsszene sortiert er die Beschwerdebriefe der Eltern, denn Borchert mißhandelt seine Schüler.

Besondere Aufmerksamkeit kommt der Sprachgestaltung des Textes zu. Gemäß der naturalistischen Literaturauffassung der Autoren finden sich zahlreiche Formulierungen aus Dialekt und Soziolekt. Entlarvend verwenden Holz / Schlaf Sprachgewohnheiten und Sprachregulierungen des Lehrers, um daran den gleitenden Übergang von sprachlicher zu körperlicher Gewalt zu veranschaulichen. Dies reicht bis hin zu präfaschistischen Ideologemen. Seine Schüler nennt Borchert ›Knubbels‹, die Klasse insgesamt ›das Schweinzeug‹.[8] Die Klasse hat zwar Respekt vor dem Lehrer, doch was nach außen hin als Anerkennung von Autorität erscheint, erweist sich in der Wirklichkeit der Schüler als unendliche Angst vor der uneingeschränkten Macht des Lehrers. Wie tot sitzt Jonathan im Unterricht (vgl. S. 71), heißt es an einer Stelle. Aber noch ist nicht der physische Tod des Schülers gemeint, wie bei Meyer, Wildenbruch und anderen. Allerdings ist der Wille des Lehrers zur psychischen Deformation seiner Schüler unübersehbar. Aus dem psychischen Tod der Schüler wird innerhalb kürzester Zeit in der Literaturgeschichte der Schultexte der physische Tod eines Einzelnen.

Morgens hatte Jonathan einen Blumenstrauß für seinen Lehrer zum Schulbeginn mitgebracht. Doch – so das Autorenpaar Holz und Schlaf – :

das alte Pferd hatte ihn genommen und zum Fenster rausgeworfen!
Dummheit! hatte es gesagt, Dummheit! Blumen stinken!
Pfui!

Und dabei hatte doch die Mama sie gepflückt [...]
Der kleine Jonathan war in Tränen ausgebrochen. – – (S. 73)

Die strenge Absatzparataxe – Kennzeichen dieser naturalistischen Prosa – erlaubt den Autoren einen ständigen, gleichsam fliegenden Wechsel der Erzählperspektive. Mal wird aus der Sicht des Rektors, mal aus derjenigen des kleinen Jonathan und schließlich wieder im Sinne einer personalen Erzählhaltung berichtet. Auktoriale Erzähler bleiben die Autoren, die auf eine Rahmenerzählung oder einen Rahmenerzähler, wie dies beispielweise bei Meyer oder Wildenbruch der Fall ist, verzichten. Jonathans Tränen, nachdem der Lehrer die Blumen weggeworfen hatte, sind das unbewußte Signal für alle, ihren Ängsten und ihrer Pein emotionalen Ausdruck zu verschaffen. Fast alle Schüler – Mädchen gibt es in dieser Klasse nicht – beginnen zu weinen. »Es war die reine Meuterei!« (S. 73), kommentieren die Autoren aus der Perspektive des Lehrers. Die Tränen der Kinder werden durch den Lehrer aber sofort »mausetot« (S. 74) gemacht, die Schüler sind nun nicht mehr die ›Knubbels‹, sondern »die kleinen Sträflinge«, die »wie schlecht angemalte Holzpuppen« (ebd.) dasitzen. Dieser Vergleich macht das Erschreckende des Unterrichts deutlich, die Schüler werden als Individualwesen auf ein mechanisches Funktionieren hin gedrillt. Paramilitärisch und präfaschistisch kann dieser Unterricht genannt werden, da er nur absoluten Gehorsam kennt. So wird auch wenig später der Schüler Lewin »mechanisch« (S. 76) aufstehen und sich vom Lehrer prügeln lassen. Und doch beschreiben Holz / Schlaf einen alltäglichen ersten Schultag in der bürgerlichen wilhelminischen Gesellschaft. Der Sadismus des Lehrers verschanzt sich – noch – hinter den Mauern des Klassenzimmers. Erst wenn die Schulglocke läuten wird, werden die Kinder befreit sein.

Als dem Schüler Lewin eine Fliege unter die Kleidung kriecht (»Uaaah!«, S. 75), bekommt er einen Lachanfall. Holz / Schlaf wechseln sofort die Perspektive:

Der Herr Rektor Borchert schlug den frechen Judenlümmel nicht tot. Dem Herrn Rektor Borchert fiel das gar nicht ein. Der Herr Rektor Borchert betrieb sein Handwerk weit gründlicher. Er hatte sein System. Und von diesem System wich er nie ab. Der Fuchsschwanz[9] *war nur sein Schreckmit-*

> *tel. Sein Züchtigungsmittel, sein eigentliches Züchtigungsmittel, war sein Siegelring.*
> *Entschieden! Man mußte Grundsätze haben. Man mußte sich z. B. hüten, das ›Schweinzeug‹ zu schlagen. Man war überhaupt gegen alles Schlagen … Nein! Knuffen mußte man das ›Schweinzeug‹! Knuffen! Die Handvoll Haare, die man ihm dann noch gelegentlich ausriß, zählte nicht …* (S. 75).

Das System des Unterrichtens ist ein Terrorsystem, Fuchsschwanz und Siegelring werden zum sadistischen Symbol. Der Sadismus des Lehrers liegt gerade darin, daß er die Offensichtlichkeit der Gewalt verschleiert und dem Opfer als scheinbares Angebot offeriert. Lewin wird von Borchert als Kanaille, Sauzucht, wahnsinniger Judenhund, Judentier und Hund beschimpft (vgl. S. 77). Das Klassenzimmer ist in der Wahrnehmung Jonathans nun rot, rot vom Blut des geschundenen Knaben, obgleich es zu Beginn beschrieben wurde als ein mit blauer Wasserfarbe gestrichener Raum. Die Schulglocke, die den Schülern als »Christglöckchen« (ebd.) und damit als Symbol der Erlösung erscheint, verschafft allen außer Lewin vorübergehend Freiheit. Die Todesangst ist vorbei, »jetzt brauchten sie nicht mehr zu sterben. Jetzt war die schreckliche, schreckliche Stunde aus. Jetzt … Oh!« (S. 78).

Motivlich werden der erste und der dritte Teil der Erzählung durch die Ferkelmetaphorik und den Rabenvergleich miteinander verschränkt. Rektor Borchert hat kleine »Ferkeläugelchen« (S. 66). Jonathan beobachtet am Ende des zweiten Teils zwei Schweine, von denen es heißt: »Die beiden kleinen, rosa Ferkelchen hatten sich erschreckt unter die alte Stadtmauer geflüchtet, mitten zwischen die dicken Nesseln!« (S. 90). Dies wird berichtet, nachdem Jonathan zuvor von dem älteren Schüler Kotel Thiem bedroht und erpreßt worden war. Also auch von einem Mitschüler erfährt Jonathan Bedrohung und Gewalt, so daß eine symbolische Deutung dieses Schweinemotivs und der Schweinemetaphorik naheliegt. Beide wirklichen Ferkel verkörpern die Vertreter des ›Systems Erziehung‹, das von Jonathan als Apparatur der Gewalt und der Angst erfahren wird: Rektor Borchert und Kotel Thiem. Indem die beiden Schweine unter der Stadtmauer Schutz suchen und finden, wird deutlich, daß Gewalt und Angst ihren behüteten Ort in der bürgerlichen Gesellschaft des 19. Jahrhunderts haben. Man könnte noch einen Schritt weitergehen und sagen, die Gesellschaft produziert Sadismus und beschützt ihn. Die Regulative der Macht sind die Regeln der Mächtigen. Der Lehrer Borchert thront »wie ein alter, hungriger Rabe« (S. 68) an seinem Tisch im Klassenzimmer den Kindern gegenüber. Die Angst Jonathans vor diesem symbolischen Raben überträgt sich auf den wirklichen Raben des alten Lorenz. Dieser zahme Rabe im dritten Teil wird Jonathan Angst einjagen, denn er wird ihm als Todesbote erscheinen. Der Rabe stellt Jonathan durch den respektlosen Umgang mit seinem im Lehnstuhl sitzenden Nenngroßvater erst unmißverständlich dessen Tod vor Augen. Der symbolischen Bedrohung ist ein symbolischer Tod eingeschrieben. Holz / Schlaf parallelisieren dies durch eine fast wörtliche Wiederholung. »Der kleine Jonathan saß da wie tot« (S. 71), heißt es im ersten Teil, als Jonathan »furchtbaren Respekt« vor dem Rektor empfindet, »Kotel Thiem war nicht halb so schlimm« (ebd.). Und nach der Begegnung mit diesem im zweiten Teil ist zu lesen: »Der kleine Jonathan stand da wie tot« (S. 90). Der wirkliche Tod (des alten Lorenz) ereignet sich dann im dritten Teil. Mit der lakonischen Bemerkung »das war dem kleinen Jonathan sein erster Schultag« (S. 96), schließt die Erzählung ab.

Die naturalistischen Darstellungs- und Beschreibungsverfahren im *Ersten Schultag* sichern dem Thema die Möglichkeit zur Kritik am System Schule und seinen Repräsentanten. Für zeitgenössische Leser mögen die vielen sprachlichen Auffälligkeiten besonders ungewöhnlich gewesen sein. So finden sich beispielsweise etliche Lautmalereien (Onomatopöien), »M-ta, m-ta, m-tata« (S. 83) soll die Blasmusik einer Jahrmarktskapelle nachmachen, »Wipp-wapp-wipp-wapp-wipp-wapp« (S. 71) soll die Bewegung und das Geräusch eines Kastanienbaums simulieren. Interjektionen durchbrechen beständig den Text: »Sssss … ssss … sss …« (S. 68) macht beispielsweise eine Fliege, die wiederholt gegen die Fensterscheibe fliegt. Mit »Pffff … bautz« (S. 82) wird der Wurf eines Steins klanglich nachempfunden, der von Kotel Thiem in die Pauke eines Jahrmarktdarstellers geworfen wird. »Schnurrr … schnurrr … schnurrr …« (S. 92) macht eine Uhr, mit »tipp-tapp … tipp-tapp … tipp-tapp …« (ebd.) ist der auf dem Boden hüpfende Rabe zu hören. Diminutive wie *Kräuterchen, Häuschen, Ferkeläugelchen, Würmerchen, Mäulerchen* usw. unterstreichen die Perspektive des kleinen Jonathan, in der er die Schule, den Lehrer, den Jahrmarkt und schließlich das Haus des alten Lorenz wahrnimmt. Die gehäufte Verwendung von alltags- und umgangssprachlichen Wörtern wie *anglupen* (S. 69), *hinschmustern* (S. 71), *schnurcheln* (vgl. S. 71) und *plaukschen* (vgl. S. 82) unterstreichen die Nähe der Erzähler zu ihren Figuren; in der Literatur wird so geschrieben, wie in der Alltagswelt der beschriebenen Menschen gesprochen wird. Daher wird wörtliche Rede der Figuren fast ausnahmslos im Dialekt wiedergegeben, etwa »wenn ick di kreeg« (S. 83), »griep em« (ebd.), »Partutemang nischt!« (S. 86). Gegenstände werden meist in ihrer Größe und Farbe beschrieben, dies soll eine detaillierte Beschreibung, die fast schon stereotyp ist, ermöglichen, z. B. *kleines, weißes Zuckerschälchen – große, himmelblaue Kaffeetasse – kleines, grünes Petersiliengärtchen – dünne, braune Tür – große, blaue Wohnstube – kleines, rotes Eichkaterchen*. All dies entspricht einem naturalistischen Literaturprogramm. Der Naturalismus entdeckt das Thema Schule als Medium einer kritischen Auseinandersetzung mit politischen und gesellschaftlichen Machtverhältnissen und findet dabei sprachlich die experimentellste Form der Darstellung. Nach dem *Ersten Schultag* gibt es keinen Schultext mehr, der sich sprachlich so radikal einem kritischen Darstellungs- und Beschreibungsprogramm verpflichtet weiß. Das Thema Schule eignet sich, so kann man daraus schließen, nicht für innovative oder gar experimentelle Schreibverfahren. Gemessen an der sprachlichen Qualität des *Ersten Schultags* von Holz / Schlaf nimmt sich Wildenbruchs Erzählung *Das edle Blut* geradezu konventionell aus.

Ernst von Wildenbruch: Das edle Blut

In Meyers Novelle wird an einer Stelle auf die mögliche königliche Herkunft Julian Boufflers angespielt. Der Polizeipräsident und Minister Argenson fragt Julians Peiniger Tellier: »Seid Ihr gewiß […], daß Ihr den Sohn des Marschalls gegeißelt habt, und nicht das edelste Blut Frankreichs?« (S. 57). Vielleicht hat Ernst von Wildenbruch Meyers *Leiden eines Knaben* gekannt und stellt mit dem Titel seiner Erzählung *Das edle Blut* einen intertextuellen Bezug her. Wesentlich ist – und dies liegt jenseits einer vermeintlichen oder tatsächlichen Kontinuität des Themas –, daß Wildenbruch mit dem Begriff ›edles Blut‹ eine plumpe, aber nicht minder populäre darwinistische und naturrechtliche Vorstellung aufgreift, wonach sich der Stärkere durchsetzt.

Der Literaturgeschichte des 19. Jahrhunderts galt Ernst von Wildenbruch (1845 – 1909) als »wahrhaft patriotischer« und »wahrhaft vaterländischer« Schriftsteller.[10] Seine Erzählung *Das edle Blut* erschien 1892. Der Autor eröffnet den Text mit einer allgemeinen Frage: »Ob es Menschen geben mag, die ganz frei von Neugier sind?« (S. 3).[11] Schon der zweite Absatz benennt die Menschen mit Neugier als eine starke Menschenart, zu denen sich der Ich-Erzähler rechnet. Die Orts- und Zeitangabe hakt der Autor Wildenbruch schematisch ab. Eine alte Weinstube dient als Erzählort, ein Sommernachmittag schafft den Rahmen der Erzählzeit. Beide Angaben sind keineswegs entscheidend für die Architektur des Textes. Dies offenbart gleich einen grundsätzlichen Mangel der Erzählung, die keineswegs stilistisch oder literaturgeschichtlich gesehen eine Innovation darstellt. Eine Geschichte wird auf schlichte Weise erzählt, im Mittelpunkt stehen dabei ausschließlich die Leiden eines Schülers. Der Ich-Erzähler ist Gerichtsreferendar und hält sich zufälligerweise in einem Lokal auf. Der Wirt und ein pensionierter Oberst sind die übrigen Gäste. Der Oberst beobachtet eine Szene zwischen zwei Schülern und fühlt sich dadurch an eine Begebenheit aus seiner eigenen Schulzeit erinnert, die er denn auch erzählt. Bezeichnend für das Genre Schultexte ist diese Ausgangssituation, die zum Erzählen den Anlaß gibt. Zwei Schüler prügeln sich auf dem Heimweg und sie tun dies täglich. Ist heutzutage die Öffentlichkeit für das Thema Gewalt in der Schule anders sensibilisiert als im 19. Jahrhundert, so ist für den ›wilhelminischen‹ Erzählduktus charakteristisch, daß zum einen die Figur des Oberst die Deutung der Gewalttätigkeiten zwischen den beiden Schülern sozialdarwinistisch besetzt, zum anderen der Autor dies in keiner Weise durch entsprechende Gegenrede einer Figur oder durch eigene distanzierende Kommentierung bricht. Im Gegenteil, der Kommentar des Ich-Erzählers über den kleinen, tapferen Schüler lautet: »es war wirklich ein Rassegeschöpf« (S. 7). Kein Zweifel, der Oberst repräsentiert den Autor im Text. Nimmt man noch die einzige autopoetologische Textstelle der Erzählung hinzu, dann wird dies völlig deutlich. Als der Oberst einen Augenblick schweigt, bevor er zu seiner großen Erzählung, die das Thema von Wildenbruchs Schultext ausmacht, ansetzt, kommentiert dieses Schweigen der Ich-Erzähler mit den Worten, »wenn der Mensch sich erinnert, dichtet er, und dichtende Menschen muß man nicht befragen« (S.9). Dies heißt auch, daß keine kritischen Rückfragen an den Text oder seinen Autor erwünscht sind. In diesem Sinne ist der Text, anders als etwa Meyers Novelle, kritikimmun.

Der Verwunderung des Wirts, weshalb die Lehrer überhaupt Gewalttätigkeiten unter Schülern zuließen, entgegnet der Oberst: »Jungens müssen ihre Freiheit haben, die Lehrer können ihnen nicht immerfort auf der Tasche sitzen; Jungens müssen sich prügeln« (S.8). Sie eignen sich als natürliche Studienobjekte, meint der Oberst. Die Frage, die sich stellt, lautet aber, was soll an den Schülern studiert werden? Die Meinung des Militärs ist verblüffend. In elliptischer Rede vorgetragen, meint er feststellen zu können: »Aus solchen Jungen, da kommt die Natur heraus – alles wie's wirklich ist – nachher, wenn das älter wird, sieht sich das alles gleich – da kann man Studien machen – an solchen Jungen« (S.8). Der Autor Wildenbruch eröffnet damit ein Leitmotiv, das im Text an zentralen Passagen benannt wird, nämlich dort, wo es darum geht, Gewaltverhältnisse und Machtkonstellationen innerhalb der Schülergruppe zu erklären. Die Legitimation von Gewalt erfolgt zunächst also durch den Hinweis auf das Geschlecht, männlich wird, wer sich in Gewaltsituationen bewährt hat. Machtansprüche innerhalb der Schülergruppe werden ebenso gewalttätig ausgetragen, wie auf nationaler, staatspolitischer Ebene. Das Kaiserreich bildet die politische Legitimation hierfür. Eine diskursive Lösung von Konflikten ist in diesem Rekrutierungsprogramm politischer Macht nicht vorgesehen. Wildenbruchs Erzählung stellt dies ungeschminkt vor Augen, anders als bei Rilke, Musil oder Hesse findet sich bei ihm kein Hinweis auf eine kritische Distanz. Das Schulthema droht bei Wildenbruch in eine sentimentale Verklärung eigener Schulerinnerungen umzukippen. In die Reihe der Schultexte gehört *Das edle Blut* aber deshalb, da es als repräsentativ gelten kann für die Schulpraxis auf der einen und die Lektüreerwartungen des ausgehenden 19. Jahrhunderts auf der anderen Seite. Immerhin galt Wildenbruch als einer der erfolgreichsten Autoren der achtziger und neunziger Jahre des Jahrhunderts, auch wenn seine Werke heute vergessen sind. 1896 erhielt er auf Intervention des Kaisers sogar den renommierten Schiller-Preis.

Im *Tagebuch eines halbwüchsigen Mädchens* von 1919 heißt es:

> *Heute ist der Oswald gekommen; er ist einfach gottvoll. Es ist also doch wahr, daß er schon längst einen Schnurrbart hatte und daß sie nur im Gymnasium keinen tragen dürfen; und daß, wenn einer in einem Pensionat oder Konvikt ist, jeden Samstag der Raseur kommt und sie sich rasieren lassen* müssen. *Er sagte immer, im Gymnasium wird alles Männliche in einem erstickt. Gott sei Dank, daß ich kein Mann bin und nicht ins Gymnasium gehen muß.*[12]

Um archaische und ritualisierte Männlichkeitsbeweise geht es sowohl den Schülern als auch den Lehrern. Bei Wildenbruch wird dieses Thema vorwiegend auf der Ebene der Schüler ausgetragen. Das edle Blut, von dem im Titel die Rede ist, wird zunächst auf den Wein bezogen, den die beiden Hauptfiguren der Rahmenerzählung, nämlich der Oberst und der anonyme Ich-Erzähler, trinken. Doch schnell wird deutlich, daß dieser Titulierung auch eine symbolische Bedeutung eingeschrieben ist. Fast schon christologisch zu verstehen wandelt sich der Rotwein, den sie trinken, im Laufe der Erzählung zum Blut des Knaben, über den erzählt wird, und immerhin endet die Erzählung mit einer Anspielung auf die Christusträne, wenn es über die inzwischen fast leere Weinflasche heißt: »nur eine Träne floß noch daraus hervor – ein letzter Tropfen von dem edlen Blut« (S. 29).[13] Der Schüler ›das kleine L‹ wird sich für seinen (leiblichen) Bruder opfern. Von den Mitschülern wird er auch »die brüderliche Liebe« (S. 14) genannt, er stellt also die Personifikation einer christlichen Tugend dar.

»So ein Junge – da kommt die Natur 'raus, spritzt ordentlich 'raus, – armsdick. Da sieht man ins Blut hinein. Ist aber schade – das edle Blut geht leicht verloren – leichter als das andere. – Habe einmal so einen Jungen gekannt« (S. 10). Der militärisch verknappte Ton, der auf das personale Subjekt ›Ich‹ als Redeinstanz verzichtet, da es dank seiner militärischen Befehlsgewalt ohnehin präsent ist, setzt das fast schon parataktische, elliptische Reden konsequent fort. Der Oberst berichtet nun vom alten Kadettenhaus in Berlin, und die eigentliche Binnenerzählung kommt in Gang. Literaturgeschichtlich gesehen wird sich dieses erzähltechnische Verfahren der Schachtelung von Rahmenerzählung und Binnenerzählung bei Schultexten kaum mehr wiederholen. Die Brisanz der Themen Macht, Gewalt und Sexualität, die Gegenwärtigkeit der meist von den Autoren und Autorinnen selbst erlebten körperlichen Peinigungen und seelischen Qualen läßt dieses Darstellungsverfahren nicht mehr zu. Die Schultexte gewinnen so – historisch betrachtet – um die Jahrhundertwende an Unmittelbarkeit. Sie werden aus Geschichte und Literaturgeschichte in die Gegenwart der Autoren und der Leser gehoben.

Wildenbruch erzählt die Geschichte des Brüderpaars L. I und L. II, wie es von den Lehrern genannt wird; »das große und das kleine L« (S. 11) heißt es bei den Mitschülern. Der Verzicht auf eine individuelle Namensgebung kann als Signal verstanden werden, in den beiden Knaben nicht Individuen, sondern Typen zu sehen. Insofern würde Wildenbruch dann eine Typologie des Schülers an den Beispielen von L. I, L. II und K., dem Peiniger von L. I, entwickeln. Als Neutrum sind die beiden geschlechtslos. Die Diagnose des Obersten über diese Kadettengemeinschaft greift wieder das Naturthema auf: »Solche Jungen – da kommt eben die Natur noch 'raus; das ist halb wie bei den Tieren, und vor dem größten und stärksten Tier kuschen sich die anderen« (S. 12). Bei Lehrern und Offizieren ist das kleine L ebenso beliebt wie es von den Mitschülern als Liebling hofiert wird. Mit fast schon erotischer Zärtlichkeit beschreibt der Oberst dessen Körperbau. Im Gegensatz zu seinem Bruder hilft er seinen Mitschülern durch Vorsagen. Während das große L gut in Mathematik ist, bleibt das kleine L hier auf die Hilfe seines Bruders angewiesen. Schwächen in Mathematik zeichnen ausgesprochen viele Hauptfiguren von Schultexten aus. Exponiert wird dies in Musils *Törleß* in der Begegnung des Zöglings mit dem Mathematiklehrer.

Der eigentliche Anlaß für die Pein und schließlich den Tod des kleinen L ist, wie in vielen Schultexten, ein Diebstahl. Einem Mitschüler wird ein Gürtel aus lackiertem Leder, woran der Säbel befestigt wird, gestohlen. Das kleine L entdeckt, daß der Dieb sein eigener Bruder ist. Der Verlust dieses paramilitärischen Symbols bedeutet für die Knaben auch den Verlust eines Männlichkeitssymbols, schließlich sind sie Schüler eines Militärinternats. Außerdem gilt ein gruppeninterner Ehrenkodex, der die erfolgreiche Verinnerlichung preußischer Tugenden widerspiegelt: »Ein Kadett, ein Spitzbube – das war uns etwas Gräßliches. [...] wenn einer so etwas tat und stahl, dann war er für uns kein Kadett mehr« (S. 19). An dieser Stelle läßt sich Wildenbruchs Text wie ein Dokument der Verinnerlichung der Wilhelminischen *Allerhöchsten Ordre* lesen, der monarchische Schutz, der unter anderem auch die Rechte des einzelnen schützen soll, wird hier gewährleistet durch die Schülergruppe. Nur so wird verständlich, weshalb diesem vergleichsweise harmlosen Diebstahl von den Schülern eine so große Bedeutung beigemessen wird. Das kleine L gibt den gestohlenen Gürtel zurück und ermöglicht auf diese Weise eine gruppeninterne Sühnung. Den Mitschülern ist nämlich bewußt, daß das große L vom Internat verwiesen würde, sollte der Diebstahl bekannt werden. Deshalb entschließt sich die Gruppe zur heimlichen Bestrafung des Diebs. Damit wird die Gruppe zur Vertretung und zur internen Instanz staatlicher Gewalt.

Ein Mitschüler macht den Vorschlag, zu erproben, ob der Dieb »noch anständige Gesinnung im Leibe hat. L. I soll selber wählen, ob er will, daß wir ihn anzeigen, oder daß wir die Sache unter uns lassen, ihn gehörig durchprügeln, und daß dann die Geschichte begraben sein soll« (S. 20). Ein anderer Schüler, der lange K, nutzt die Gelegenheit, um sich zu profilieren, er führt die ›Exekution‹ aus:

> *er nahm den Rohrstock in die Hand, trat zur Seite und ließ den Stock mit allen Leibeskräften auf das große L niedersausen, dessen Körper nur mit der Drillichjacke und Hose bekleidet war.*
> *Der Junge bäumte sich förmlich auf unter dem furchtbaren Hiebe und wollte schreien; in dem Augenblick aber stürzte das kleine L auf ihn zu, nahm seinen Kopf in beide Hände und drückte ihn an sich.*
> *›Schrei nicht,‹ flüsterte er ihm zu, ›schrei nicht, sonst kommt alles raus!‹*
> *Das große L schluckte den Schrei hinunter und gurgelte und ächzte halblaut vor sich hin.*
> *Der lange K. hob wieder den Stock, und ein zweiter Hieb knallte durch den Saal.* (S. 21)

Die Angst des Täters vor der Bestrafung durch die Lehrer ist größer als die Angst vor der Bestrafung durch die Mitschüler. Das System funktioniert. Macht hat, wer Gewalt repräsentiert. Schule als Ort der Bestrafung ist zugleich auch der Ort, wo die Mechanismen und Regulative der Macht eingeübt werden. Der Delinquent muß von den anderen Kadetten festgehalten werden, der körperliche Schmerz ist unerträglich. Wildenbruch weist bereits auf das Todesthema voraus, obgleich es nicht das große L ist, das sterben wird. Seine Augen sind nach dem dritten und letzten Hieb weit aufgerissen, er röchelt, sein Gesicht ist weiß wie der Kalk an der Wand, der Körper zittert, im Saal herrscht Totenstille.

Nach dieser Exekution wird eine Ehrenverabredung getroffen. Jeder solle dem großen L die Hand geben, die Angelegenheit vergessen und nie wieder davon sprechen. Das Vergessen soll das Vergeben ersetzen, doch was verdrängt ist, wird wiederkehren. Wildenbruch wählt für diese Wiederkehr des Verdrängten eine Physikstunde. Der lange K soll im Rahmen eines Unterrichtsexperiments dem großen L die Hand geben. Als er sich weigert, kommt es zum Tumult, das kleine L verteidigt mit körperlicher Gewalt die Ehre seines Bruders. Mehr noch, er opfert sein Leben für die Ehre des Bruders. Denn als einige Zeit später der lange K wieder eine Anspielung auf die Unehrenhaftigkeit des großen L mit den Worten macht: »wollt Ihr anständigen Menschen den Weg versperren, Ihr Diebsgelichter?« (S. 26), stürzt sich das kleine L wie ein »wildes Tier« mit einem Schrei auf den langen K und beginnt ihn zu würgen. Die Animalisierung des Knabenkörpers feiert in der Sprache des Oberst ihren Triumph. »Solche Jungens«, meint er, »die haben Instinkt – Instinkt und Gefühl« (S. 22). Sie seien naturbelassen, unverstellt, kulturell und zivilisatorisch noch nicht überformt, instinktgeleitet. Die Schüler repräsentieren das bedrohliche Fremde der eigenen Person, das durch Disziplinierung und Verstandesarbeit zwar gebannt wurde, nicht aber vergessen worden ist. Das ist die Perspektive des Oberst, die durchaus als Perspektive des Autors betrachtet werden kann. Die Schule ist nicht der Ort, wo die Bändigung der Triebnatur erfolgreich ins Werk gesetzt werden kann, sondern – so das versteckte Plädoyer Wildenbruchs – die Schule soll ein Kampfplatz der Affekte sein, wo sich die Triebkräfte noch austoben können, bevor sie durch Militär und Beruf gesellschaftlich diszipliniert werden. Das kleine L schreit, verdreht die Augen und muß von einem Lehrer gewaltsam vom langen K getrennt werden, es fällt zu Boden, wälzt sich und zuckt. Tags darauf wird es dann in der offiziellen Mitteilung heißen, das kleine L habe einen Anfall schweren Nervenfiebers gehabt und sei an den Folgen gestorben. Doch die Beobachtung des Oberst ist zutreffender: »Herzeleid« (S. 29) habe den Gesichtsausdruck des Kindes noch im Tod geprägt.

Die Bemerkung des erzählenden Offiziers, daß sich Jungs prügeln müßten, legt ein generelles Verfahren der Schultexte offen. Denn hier werden bereits mehrfach verschachtelte Geschlechterdifferenzen deutlich. Einmal auf der Autorebene: Der Autor ist männlich und schreibt aus einer männlichen Perspektive. Christa Winsloe etwa oder Franziska Gräfin zu Reventlow werden auf der Figurenebene eine andere Perspektive wählen, sie erzählen aus der Sicht von Mädchen. Das Schulthema wird nicht in Gestalt von Rollentexten erzählt, in der Form also, daß beispielsweise eine Autorin aus der Sicht eines Knaben oder ein Autor aus der Perspektive eines Mädchens berichtet. Dies mag ein wichtiges Indiz für die Motivationslage der Verfasser und Verfasserinnen sein, sie wählen das Thema Schule oder Internat in der Regel aus autobiographischem Interesse. Im weitesten Sinn handelt es sich um das, was Freud als ›Familienroman‹ bezeichnet hat, das Phantasieren des Kindes eines anderen, fremden Ursprungs als eigener Herkunft. Übertragen auf die Schultexte würde dies das Fort- oder Umschreiben der eigenen Kindheitsgeschichte, der Sozialisation von Elternhaus und Schule im Medium der Literatur durch die Autorinnen und Autoren bedeuten.

Und noch eines ist bemerkenswert: Indem Wildenbruch wie auch Meyer sich in ihren Schultexten auf ein christliches Wort- und Bildfeld beziehen, lösen sie die Themen ihrer Texte, das Leiden, und die jeweiligen Hauptfiguren aus einem ausschließlich familiären und individuellen Zusammenhang und unterstreichen statt dessen den Anspruch des Themas auf eine öffentliche Wahrnehmung. Will man es etwas pointiert ausdrücken: Die Literaturgeschichte muß sich das Thema Schule erst erarbeiten, es aus dem Schatten privater Interessen oder expliziter Memoirenliteratur herauslösen und seine Literaturfähigkeit zeigen. Da es um Unrechts-, Unterdrückungs- und Gewaltverhältnisse geht, die am Beispiel von Schülern oder Schülergruppen gezeigt werden, enthalten Schultexte stets auch einen politikkritischen Anspruch und stellen eine Reaktion auf die jeweiligen politischen Verhältnisse dar. Durch die Einbindung in ein religiöses Wort- und Bildfeld wird diese Kritik wesentlich gemildert und im weitesten Sinne zensurtauglich. ›Literaturfähig‹ wird das Thema Schule erst durch diese Einschreibung in einen beim Lesepublikum vorauszusetzenden halbreligiösen Verständnishorizont. Schultexte sind so gesehen ›säkulare Religionstexte‹, ein Kind wird geopfert für einen Bildungsanspruch oder für gesellschaftliche Interessen, ohne daß dieses Opfer noch zu rechtfertigen wäre. Schultexte benennen die Barbarei des Kindsopfers in der Moderne.

Rainer Maria Rilke: Pierre Dumont und Die Turnstunde[14]

Rainer Maria Rilke (1875 – 1926) schrieb seine Erzählung *Pierre Dumont* 1894 für eine Zeitschrift, sie blieb aber ungedruckt. Erst 1932 hat Carl Sieber diesen kleinen Text veröffentlicht. *Pierre Dumont* ist kein eigentlicher Schultext, vielmehr schildert Rilke auf den wenigen Seiten die Abschiedsstunden von Mutter und Sohn. Pierre wird zum Militärinternat zurückgebracht und verbringt die letzten fünf Stunden mit der Mutter. Die Erzählung beginnt mit der Einfahrt des Zugs in den Bahnhof und endet mit dem Eintritt Pierres in die Militär-Erziehungsanstalt, wie das Internat am Anfang genannt wird. Doch schon bald spricht Rilke von der Kaserne. Unmißverständlich hebt der Autor die Militarisierung des Kindes hervor. Pierre ist elf Jahre jung und wird als Nummer zwanzig seines Jahrgangs geführt; sein Vater war selbst Offizier. Rilke nennt ihn den kleinen Soldaten, seine Schulkleidung ist ein Waffenrock, sein sehnlichster Weihnachtswunsch eine neue Uniform. Aus Angst vor Bestrafung versucht Pierre pünktlich zu sein; am Eingang zum Internat wartet ein wachhabender Unteroffizier, dessen Stimme Rilke als brutal bezeichnet.

Das eigentlich Besondere dieser Erzählung liegt darin, daß nichts Spektakuläres passiert, sondern daß es Rilke gelingt, die Stimmung und das Erziehungsklima des Militärinternats zu beschreiben, ohne mit dem Leser einen Schritt in die Schule gegangen zu sein. Die Leser verstehen, wie die Mechanismen der Macht in der Schule beschaffen sein müssen, damit sie außerhalb der Schule so wirken können. Die perfekte Inszenierung der Macht besteht darin, daß Macht auch dann wirkt, wenn sie abwesend ist und nicht durch Personen repräsentiert wird. Die Strukturen von Überwachen und Bestrafen, von Macht und Ohnmacht werden von den Schülern so verinnerlicht, daß sie von ihnen in ihre eigenen Familien mit hineingenommen werden. Der Militärdrill vermag auch noch die Beziehung zwischen Mutter und Sohn zu regulieren, die Diktatur des Gehorsams bestätigt sich selbst. Dieser ›Gesinnungsmilitarismus‹,[15] wie es Reiner Marx bezeichnet hat, ist die Voraussetzung für eine breite Militarisierung der Gesellschaft. Wo diese Entwicklung historisch gesehen endet, ist bekannt.

Die erste Niederschrift der Erzählung *Die Turnstunde* stammt aus dem Jahr 1899. Stilistisch leicht überarbeitet, wurde sie aber erst 1902 veröffentlicht. Beide Texte, *Pierre Dumont* und *Die Turnstunde*, gehören inhaltlich zusammen und sollten in dem nie geschriebenen Militärroman zusammengeführt werden. *Die Turnstunde* nennt Rilke 1921 »eine kleine Skizze aus dem Militärschul-Milieu«, die er »*viel* eher« (S. 1023) gelten lasse, als die übrige Kleinprosa dieser Zeit.

Die Erzählung wird gleichsam mit der parataktischen Kürze einer Regieanweisung oder eines Drehbuchtextes eröffnet.[16] »In der Militärschule zu Sankt Severin. Turnsaal. Der Jahrgang steht in den hellen Zwillichblusen, in zwei Reihen geordnet, unter den großen Gaskronen« (S. 601). Der Turnlehrer ist ein Offizier, das Gesicht wird als hart, sein Ton als kommandierend, die Augen werden als höhnisch beschrieben, insgesamt also Charakterisierungen, welche die Funktionalisierung des Turnunterrichts als paramilitärische Übung unmißverständlich hervorheben. Und obgleich Rilke Erlebnisse aus einer österreichischen Kadettenanstalt berichtet, ist diese Militarisierung der Schule ebenso politische Strategie wie an Preußens Schulen. In einem Königlichen Schreiben vom 26. Mai 1860 etwa heißt es ohne Umschweife: »Der gymnast. Unterricht [...] steht in engem Zusammenhange mit dem gegenwärtig in der K. Armee zur Anwendung gebrachten System der militär. Ausbildung des Soldaten. Es muß also Wert darauf gelegt werden, daß, abgesehen von der Bedeutung des Turnens in pädagogischer Beziehung, die Möglichkeit geboten ist, durch den richtigen Betrieb der gymnast. Übungen in der Schule unmittelbar die Wehrhaftmachung des Volkes fördern zu können.«[17]

Rilkes Schüler Karl Gruber gehört zur Gruppe der schlechtesten Turner, die in der Regel zögerlich, unwillig, freudlos, müde, verwirrt und atemlos sind. Gruber ist sogar der »Allerletzte« (S. 602) dieser Gruppe. Völlig unvermutet und unaufgefordert begibt er sich plötzlich zur Kletterstange und »klettert und klettert« (S. 603). Oben angekommen, zieht er die Blicke aller auf sich. Wieder völlig unvermutet läßt er sich nach unten gleiten, »so daß alle immer noch hinaufsehen, als er schon längst, schwindelnd und heiß, unten steht und mit seltsam glanzlosen Augen in seine glühenden Handflächen schaut« (ebd.). Von seinen Mitschülern gefragt, was denn heute in ihn gefahren sei, kann er nicht antworten, sondern lacht nur. Das Lachen von Wildenbruchs kleinem L kommt einem hier in Erinnerung, das Lachen als schon halb delirante, nichtsprachliche und doch geheimnisvolle Reaktion. Dieses Geheimnis scheint er zu sehen, Gruber schaut durch seine Mitschüler, durch die Lehrer und durch den Raum hindurch auf etwas »Unbestimmtes« (S. 604), etwas, das sich sprachlich nicht mehr bestimmen läßt. Der Autor Rilke macht sich die Perspektive seiner Figur zu eigen. Was Karl Gruber nicht benennen kann, vermag auch der Autor nicht zu beschreiben. Rilke tritt also hinter seine Figur zurück, er verzichtet auf eine auktoriale Erzählhaltung, was zu einer dynamischen Psychologisierung der Figur beiträgt. Diese Selbstbeschränkung des Autors wäre bei Meyer und bei Wildenbruch noch nicht vorstellbar gewesen. Grubers Mitschüler Jerome spricht ihn an, fordert ihn auf, dem Befehl des Turnlehrers zu gehorchen. »Gruber nickt. Aber statt aufzustehen, schließt er plötzlich die Augen und gleitet unter den Worten Jeromes durch, als ob eine Welle ihn trüge, fort, gleitet langsam und lautlos tiefer, tiefer, gleitet vom Sitz, und Jerome weiß erst, was geschieht, als er hört, wie der Kopf Grubers hart an das Holz des Sitzes prallt und dann vornüberfällt ...« (S. 605). Gruber wird in einen Nebenraum getragen, der Turnunterricht der Schüler soll zwar weitergehen, doch es ist »anders als vorher; als hätte ein Horchen sich über sie gelegt« (ebd.). Als schließlich der Regimentsarzt kommt, bricht die militärische Ordnung für einen Augenblick zusammen. Das Horchen wird zur Lähmung. Und als der Feldwebel Goldstein ›Antreten!‹ kommandiert, reagiert keiner der Schüler mehr. »Kein Mensch hört ihn. Keiner kann sich erinnern, welchen Sinn dieses Wort besaß, – vorher. Wann vorher?« (S. 608). Rilke deutet in dieser Szene an, daß eine Auflösung der Ordnung durchaus möglich ist, doch nur zum Preis des Todes eines Schülers. Und von Dauer ist auch diese ›Unordnung‹ nicht. Als ein Oberleutnant erscheint und damit die Spitze der militärischen Machtrepräsentation im Internat vertreten ist, funktioniert alles wieder »mit unbeschreiblicher Geschwindigkeit« (ebd.). Die Mitteilung des Offiziers ist knapp: »›Achtung! […] Euer Kamerad Gruber ist soeben gestorben. Herzschlag. Abmarsch!‹ Pause.« (ebd.) Anders als Meyers Bericht über das inszenierte Todespathos in dem *Leiden eines Knaben* und anders als Wildenbruchs betuliches und verharmlosendes »Herzeleid« entscheidet sich Rilke für einen sachlichen Mitteilungsstil. Er berichtet aus der Perspektive des Offiziers, bricht aber sofort als Autor die Kürze der Mitteilung durch das nachgeschobene lakonische »Pause«. Sprachlich vollendet wird damit der Anspruch einer Befehlsgewalt des Machtworts über die Schüler bloßgestellt. Obwohl die Erzählung im österreichisch-ungarischen Kakanien – so Musils spätere Bezeichnung für die k. u. k. Monarchie – spielt, sind die Machtmechanismen identisch und keineswegs national begrenzt. ›Das allein seligmachende Preußentum‹ ist in der Wirklichkeit der Schüler eine Form der Enthumanisierung. Die Erfüllung des Gehorsams gegenüber den Lehrern endet im Tod oder zumindest in der menschlichen und seelischen Deformation.

Rilke geht es in dieser Erzählung auch um die Verarbeitung eigener Erlebnisse. In dem Fragment *Erinnerung* schreibt er mit Blick auf seine Kindheit und die Erlebnisse im Militärinternat: »ich begreife durchaus, daß die, die einzig auf sich angewiesen sind, auf ihres Lebens Nützlichkeit und Erträglichkeit, eine gewisse Erleichterung empfinden, wenn man in ihnen einen geistigen Brechreiz erzeugt und ihnen ermöglicht, das Unbrauchbare oder Mißverstandene der Kindheit in Stücken von sich zu geben. Aber ich?«[18] Die Antwort gibt er sich in einem Brief vom 9. September 1914 an Lou Andreas-Salomé, worin er über eine Begegnung mit dem Arzt Wilhelm Schenk Freiherr von Stauffenberg berichtet und es fast gleichlautend heißt: »Mit Schrecken empfand ich manchmal eine Art von geistigem Brechreiz, den er hervorzurufen bemüht war; es wäre furchtbar, die Kindheit so in Brocken von sich zu geben, furchtbar für einen, der nicht darauf angewiesen ist, ihr Unbewältigtes *in sich* aufzulösen, sondern ganz eigentlich dazu da, es in Erfundenem und Gefühltem verwandelt aufzubrauchen […]«.[19] Klarer läßt sich die Verarbeitungsfunktion von Literatur für die Autoren der Schultexte kaum beschreiben. Und insofern ist auch bei Rilke ein autobiographischer Zusammenhang zwischen diesen Erzählungen und seiner eigenen Internatszeit hergestellt worden.[20] Rilke hat in den Jahren 1886 bis 1891 die Kadettenanstalten in St. Pölten und in Mährisch-Weißkirchen besucht. Rilke wollte die Erfahrungen dieser Zeit in einem Militärroman – so seine eigene Bezeichnung – beschreiben, kam aber nie dazu, die Pläne auszuarbeiten. In den thematischen Zusammenhang dieses Militärromans gehören *Pierre Dumont* und *Die Turnstunde*. Es sind die leisen, subtilen, psychologischen Töne, die Rilkes Texte auszeichnen, und es ist mehr als bedauerlich, daß der Plan zu diesem Roman nicht ausgeführt wurde. Am 5. November 1899 notiert Rilke in sein Tagebuch, unmittelbar bevor er mit dem Text der *Turnstunde* beginnt:

> *Seltsam, nachts wurde plötzlich der Militärroman so dringend, daß ich glaubte ich würde, wenn nicht sofort, so doch wenigstens heute beginnen müssen ihn zu schreiben. Das stellt sich natürlich im neuen Tag wesentlich anders dar; was so notwendig schien mitten in der Nacht, tritt jetzt als gleichberechtigt mit zwei, drei anderen Stoffen auf und nichteinmal [!] als inniges Bedürfnis, sondern als literarische Absicht – und so bin ich gar nicht willens etwas zur Erfüllung zu tun. Auch erscheint mir der Stoff, jemehr ich mich an ihn verliere, immer noch unmöglich und grob; noch fühle ich nicht die Geschicklichkeit, diese Gesellschaft von Knaben in ihrer ganzen Roheit und Entartung, in dieser hoffnungslosen und traurigen Heiterkeit zu zeigen … diese ganze Masse beständig als solche wirken zu lassen, erscheint mir ebenso wichtig wie schwer. Denn der Einzelne ist ja eben, – auch der verdorbenste – Kind, was aber aus der Gemeinsamkeit dieser Kinder sich ergibt – das wäre der herrschende Eindruck –, eine schreckliche Gesamtheit, die wie ein fürchterliches Wesen wirkt, welches bald diesen und bald jenen Arm verlangend ausstreckt. Zuerst beschäftigte mich die Szene mit Karl Gruber, dem blassen Mondsüchtigen mit der flachen Brust und der im Speichel watenden Stimme.*[21]

Als Rilke bereits schon ein bekannter und anerkannter Schriftsteller war, wandte sich ein ehemaliger Lehrer seiner Militär-Realschule St. Pölten, General-Major von Sedlakowitz, in einem Brief an ihn. Rilke hat sich in seinem Antwortschreiben an diesen Lehrer vom 9. Dezember 1920 entschieden dagegen verwahrt, im Nachhinein die Internatszeit zu idealisieren und einem höheren Sinn zu unterstellen. Rilke schreibt dem ehemaligen Lehrer unmißverständlich: »Ich hätte, glaube ich, mein Leben [...] nicht verwirklichen können, wenn ich nicht, durch Jahrzehnte, alle Erinnerungen an die fünf Jahre meiner Militärerziehung verleugnet und verdrängt hätte [...].«[22] Rilke spricht von der gewaltigen Heimsuchung, welche diese Schuljahre für ihn bedeutet hätten, von dem undurchdringlichen Verhängnis und einem Abgrund unverschuldeter Not, erschöpft, körperlich und geistig mißbraucht, betrogen, geschwächt und geschädigt worden sei er. Rilkes *Turnstunde* wird zum Schlüsseltext der Schul- und Internatserzählungen nach 1900. Mit ihm beginnt eine subtile Psychologisierung der Figuren auf der einen und eine sehr feingliedrige und genaue Differenzierung der Machtstrukturen auf der anderen Seite. Eine Lesethese wäre es, in Musils Roman *Die Verwirrungen des Zöglings Törleß* Rilkes ungeschriebenen Militärroman zu erkennen.

Paul von Szczepański: Spartanerjünglinge. Eine Kadettengeschichte in Briefen

Dieser kleine Briefroman von gerade fünfundachtzig Seiten erschien erstmals 1898 und ist heute völlig vergessen. In keiner Literaturgeschichte taucht er auf, in keiner wissenschaftlichen Abhandlung wird er erwähnt. Auch über seinen Autor ist nichts Näheres bekannt, die Lebensdaten bleiben im Dunkeln. Vermutlich schildert Paul von Szczepański in seinem Roman eigene Erfahrungen aus dem Militärinternat, da der Text einem Sendrecki II gewidmet ist, der wiederum eine der Hauptfiguren darstellt. Insgesamt werden dreizehn Briefe des Königlich Preußischen Kadetten Gerhard von Gottwein an seine Mutter abgedruckt, ein dreizehnter Brief des Hauptmanns und Kompagnieführers von Wecker reicht die zusätzlichen Informationen über den Tod des Schülers Gottwein nach.

Die Handlung des Romans ist in das Jahr 1867 zurückverlegt. Um sich das ›geistige‹ Klima dieser Zeit zu vergegenwärtigen, sei an ein Dokument zur Schulgeschichte erinnert. In einem Bericht vom 27. August 1866 an den König von Preußen ist zu lesen: »Ew. Königlichen Majestät Armee, die jetzt gekämpft und gesiegt hat, ist durch die Preußische Volksschule hindurch und aus derselben hervorgegangen.«[23] Diese ›Preußisierung‹ des Schullebens, die Militarisierung des Unterrichts- und Erziehungsalltags von Lehrern und Schülern, bildet die gesellschaftliche Grundlage jenes Machtdiskurses, gegen den die meisten Schriftsteller von Schultexten kritisch anschreiben. Um ein guter Soldat zu werden, muß man ein guter Schüler gewesen sein. Diese Botschaft prägt die öffentliche Wahrnehmung von Schule. Gottwein schreibt zwischen dem 20. August 1867 und dem 16. Dezember 1867 in regelmäßigem Abstand alle vierzehn Tage seiner Mutter Briefe, um die Zeit zwischen den Sommerferien und den Weihnachtsferien zu verkürzen. Der letzte Brief bleibt unabgeschlossen. Gegenbriefe der Mutter sind nicht abgedruckt, so daß der Autor von vornherein auf einen dokumentarischen Charakter seines Romans verzichtet. Eigentliche Schülerstreiche, die sich auf einzelne Lehrer oder Unterrichtsfächer beziehen, werden kaum berichtet. Vielmehr sind es Stubenerlebnisse, die den Stoff zu Gottweins Briefen bilden. Formal wird der Roman eher behelfsmäßig durch die Briefform zusammengehalten. Szczepański bemüht sich, einen regelrecht kindlichen Mitteilungston anzuschlagen. Dies reicht von der Wortwahl über den Satzbau bis hin zur willentlichen Verwendung von Stilblüten. Nur der dreizehnte Brief, der vom Hauptmann geschrieben wird, weicht deutlich in Ton und Stillage von den Schülerbriefen ab.

Der Titel des Romans erschließt sich schnell. Im fünften Brief berichtet Gottwein vom Geschichtsunterricht: »Wir lernen Geschichte, und wir haben von einem spartanischen Jüngling gelernt, der ein Held war, weil er einen Fuchs gestohlen hatte und ihn unter seinem Gewand versteckte. Und der Fuchs biß ihn in die Brust, bis er tot war, aber der Jüngling gab keinen Laut von sich, damit sie es nicht merkten. Und die Spartaner haben ihm ein Denkmal gesetzt, und er wird uns im Unterricht gelehrt« (S. 30).[24] Das Denkmal, das dem Schüler Gottwein gesetzt werden wird, ist ein literarisches und zudem sein eigenes, es sind die Briefe an die Mutter.

Das Vorbild des spartanischen Jünglings kehrt leitmotivisch wieder. Schon der Titel gibt die thematische Ausrichtung des Romans an, Spartanerjünglinge sind alle Schüler, da ein Kadett auf einen imaginären Ehrenkodex eingeschworen ist. Und um dieses Ehrverständnis kreisen die meisten Briefe, so daß der Leser sehr viel an

Details aus der Binnenstruktur einer Schülergruppe in einem Militärinternat erfährt. Anders als etwa in Rilkes oder Musils Schultexten wird dieser Ehrbegriff auch als solcher thematisiert, aber nicht kritisch – etwa durch eine weitere Figur oder durch einen Erzähler – kommentiert. Schon im ersten Brief wird dies deutlich. Dort heißt es: »Aber weinen darf ich nicht, weil wir überhaupt nicht weinen dürfen. Kadetten dürfen niemals weinen« (S. 8). Auch »petzen darf ein Kadett nicht« (S. 11), es gelten interne Gruppenregeln. Über »Klassenkeile« berichtet Gottwein, »die kriegt man in der Zwischenpause, wenn man etwas Ehrloses gethan hat, und alle, die mit einem in derselben Klasse sitzen, schlagen dann mit der Faust auf einen und sagen dazu: ›Du Schuft!‹ – ›Schuft‹ aber ist das schlimmste Wort, das man zu einem sagen kann« (S. 12). Als ein Schüler einmal einem Lehrer eine tote Maus an den Rock bindet, wird er von seinen Mitschülern zwar nicht verraten, doch bekommt er diese ›Klassenkeile‹ ohne verbale Abstrafung – nicht etwa für den Streich, sondern für die mangelnde »Achtung vor dem Rock des Königs« (S. 72). Gottwein ist Halbwaise, der Vater ist als Offizier im Krieg gefallen und wird zum Vorbild stilisiert. Die Abwesenheit des Vaters in der Pubertät verstärkt den Einfluß, den Lehrer, Erzieher und patriotische Leitbilder auf den Schüler haben. In einer Ansprache zur Ehre der gefallenen ehemaligen Kadetten wird auch Gottweins Vater ausführlich genannt. »Das war der Tod eines Helden, wie Gott ihn uns allen vergönnen möge zu sterben. Denn unser erster Gedanke im Leben und unser letzter im Sterben muß der König sein!« (S. 41). Der Stolz auf den Vater läßt Gottwein ihm nachstreben, Stolz darauf, »ein preußischer Kadett zu sein« (S. 42), ist die Voraussetzung dafür. »Es ist doch schön, Kadett zu sein« (S. 57), resümiert Gottwein einen Brief.

Die Verhaltensstandards der Kadetten, die im Roman mitgeteilt werden, umfassen folgende Regelungen: Kadetten reden sich untereinander ohne Adelsprädikat an, denn sie wissen, »wer adlig ist oder wer nicht« (S. 13). »Kadetten spielen nicht mehr mit Spielsachen« (S. 17), das Spielzeug könne die Mutter nun verschenken. Durch die Stadt müssen Kadetten marschieren, außerhalb können sie sich frei bewegen (vgl. S. 17). Preußische Tugenden schlagen sich auch in dem Motto nieder, das sich Gottwein als Lebensdevise, dem Brauch der Kadetten folgend, wählt: »Impavide et constanter«, »furchtlos und treu« (S. 22) wolle er sein. Die Anrede der Mutter ändert sich ab dem vierten Brief, Gottwein schreibt nicht mehr an seine ›liebste Mamming‹, sondern an die ›liebste Mutter‹, Mamming sagen »bloß kleine Jungens zu ihrer Mutter« (S. 21). Dies wird sich erst wieder in seinem letzten Brief ändern, als er sterbenskrank ist, psychisch regrediert und sich das Weihnachtsfest mit der Mutter und ihre Gegenwart im Lazarett phantasiert.

Zwischen Gottwein und Sendrecki III, dem jüngsten von drei Brüdern, wird Blutsbrüderschaft geschlossen, »so machen es die Indianer in Amerika« (S. 19). Dies könne nützlich sein, »wenn wir wieder Krieg haben« (ebd.). Denn die Kadetten wünschen sich nichts sehnlicher als Krieg. »Wir hoffen alle, daß es wieder Krieg giebt, wenn wir Leutnant sind« (S. 15). Als ein Lehrer meint, er sei als Erzieher »kommandiert, aber nicht als Spion!«, ist dies für die Kadetten Grund genug, später einmal in seiner Kompagnie als Leutnant dienen zu wollen, »wenn wir wieder Krieg haben« (S. 64). Das Leben der Kadetten bewegt sich auf der Grenze zwischen kindlichem Indianerspiel und blutigem Ernst, zwischen Rollenspiel und Suche nach einer Identität, die allein stiften zu können das Militär sich anmaßt. Hesse und Dittberner werden in ihren Romanen zeigen, daß auch die evangelische Kirche eine solche Identitätsmaschine darstellt. Frischmuth und Tomas werden dasselbe am Beispiel der katholischen Kirche veranschaulichen. Schule vertritt in jedem dieser Beispieltexte höchst autoritär den Anspruch, individuelle, und das meint aus der Sicht des Systems Schule soziale Identität, stiften zu können.

Selbst im Tod verhält sich der Schüler Gottwein ehrenhaft und erfüllt damit die Anforderungen seines verstorbenen Vaters. Als er im Dezember von einem Mitschüler auf der Toilette eingeschlossen wird und nun wegen einer Lungenentzündung im Lazarett liegt, wird er vom Hauptmann verhört. »Aber ich habe doch nicht petzen dürfen [...]. Da habe ich gesagt: ›Ich bin eingeschlafen, Herr Hauptmann.‹ [...] aber ich durfte es ihm doch nicht sagen, wie es gewesen ist« (S. 79), schreibt Gottwein am 16. Dezember an seine Mutter. Noch im Sterben beteuert er dem Hauptmann, als dieser die tatsächlichen Zusammenhänge längst erkannt hat, daß er nicht »gepetzt« (S. 84) habe. Vier Tage später ist er tot. Der Hauptmann nennt die Todesursache die »Folge eines Bubenstreiches«, »der mit der härtesten Strafe, die unsere Anstaltsgesetze zulassen, mit der Ausschließung des Schuldigen aus dem Kadettenkorps, geahndet werden wird« (S. 82). Der Hauptmann, selbst ehemaliger Kadett, fühlt sich mitschuldig am Tod des Schülers; er hätte wissen müssen, daß Kadetten nicht die Wahrheit sagen, da »wunderliche Ehrbegriffe sich in den Knabengehirnen herausbilden« (ebd.). Dies ist die einzige Textstelle, an der dieser Ehrbegriff kritisch kommentiert wird. Doch da der Roman zu Ende ist, bleibt die Kritik als Distanzgeste folgenlos.

Wie eine Erziehungsbotschaft des Autors an die Lehrer indes klingt es, wenn der Hauptmann am Ende des Romans der Mutter schreibt: »Wem Kinder anvertraut sind, der soll ihnen Liebe und immer nur Liebe entgegenbringen, denn nur der Liebe und nicht dem Scharfsinn ist es gegeben, einer Kinderseele auf allen verschlungenen Wegen ihres Denkens und Empfindens zu folgen« (S. 85). Daß diese Liebe aber militärisch reglementiert ist und stets in die Liebe zu König und Vaterland mündet, verschweigt der Offizier und Erzieher. Die Permanenz des Militärischen, die sich in der Kleidung der Kadetten ebenso Ausdruck verschafft wie in ihrer Alltagskommunikation, die ständige Thematisierung von Krieg, militärischer Rangordnung und Gehorsam, das Verständnis vom König als dem obersten Kriegsherrn, die Identifizierung von Staatstreue und militärischer Gefolgschaft – all das bildet nachhaltig jenen ›Gesinnungsmilitarismus‹ aus, den diese Schultexte von Wildenbruch, Rilke, Szczepański und anderen dokumentieren oder kritisieren. Inszenierungen der Macht bilden sich darin ab. Ungeschulte, kindliche Vernunft zu schulen, bedeutet nach diesen Schultexten, den Schülern ihren Ort als stumme Figuren im Spiel von Macht und Unterdrückung zuzuweisen. Es sind die Diskurse der Macht, die in den Schulen und Internaten dieser Zeit gelehrt, es sind die Praktiken der Unterdrükkung, die gelernt werden. Das Schicksal des Kadetten Gottwein macht auch deutlich, daß die Bereitschaft, aus einem dubiosen Ehrbegriff heraus eher die Unwahrheit zu sagen, als aufrichtig zu sein, die wichtigste Voraussetzung ist für eine Mythenbildung, die an den wahren Ursachen von Geschehnissen nicht mehr interessiert ist – ein aktuelles Beispiel, wie die Diskussion um die Wehrmachtsausstellung in der Bundesrepublik bestätigt.

Nach der Jahrhundertwende

Franziska Gräfin zu Reventlow: Ellen Olestjerne

Der Roman – so der Untertitel – *Ellen Olestjerne* von Franziska Gräfin zu Reventlow (1871–1918) erschien erstmals 1903.[1] Entstanden ist er in den Jahren 1900 und 1901. Ludwig Klages, mit dem Reventlow befreundet war, hatte sie angeregt, ihre Lebensgeschichte niederzuschreiben. *Ellen Olestjerne* ist kein Schultext im engeren Sinn, der also ausschließlich von der Sozialisation einer Jugendlichen durch die Schule, von Lehrern, Mitschülern und Schulprägungen berichtet. *Ellen Olestjerne* ist ein Antientwicklungsroman insofern, als sich das junge Mädchen Ellen Olestjerne gegen ein Rollenmuster und Rollenverständnis zur Wehr setzt, das zu erlernen ihr auferlegt wird. Sie wehrt sich, Frau zu werden. Die Schulepisode innerhalb des Romans nimmt dabei einen geringeren Umfang ein, sie findet sich im weniger umfangreichen ersten Teil, der von Ellens Kindheit, von dem Unterricht durch die Mutter und durch eine Privatlehrerin und schließlich von ihrem Internatsaufenthalt handelt. Da in diesem Text aber grundsätzliche Fragen der Erziehung, der Geschlechterdifferenz, des Rollenverständnisses und der Inszenierung von Macht in und durch die Schule diskutiert werden und zudem aus der Sicht eines Mädchens erzählt und von einer Schriftstellerin geschrieben wird, verdient dies literaturgeschichtlich gesehen große Aufmerksamkeit. Denn Reventlow fällt mit *Ellen Olestjerne* aus dem Rahmen des zeitgenössischen Verständnisses von weiblicher Literatur. Der Roman ist eine unmißverständliche Abrechnung mit ihrer eigenen Kindheit und den prägenden familialen und gesellschaftlichen Instanzen.

In einem Brief Ellens, den sie an ihren Bruder Detlev aus dem Internat nach Hause schreibt, wird die Jahreszahl 1885 angegeben. Da Ellen zu diesem Zeitpunkt bereits im Konfirmationsalter ist, kann man davon ausgehen, daß sie – wie ihre Autorin auch – in der Zeit nach der Reichsgründung von 1871 aufgewachsen ist, ihre Kindheit und Jugend also stark durch die Mentalität der Gründerzeit hätte geprägt werden können. Davon ist im Roman aber nichts zu lesen. Ellen Olestjerne wächst in einer abgeschiedenen Landschaft Norddeutschlands auf, ihr Vater bewirtschaftet ein Gut, das früher einmal als Schloß gedient hatte. Von politischen Diskussionen, die im Elternhaus hätten stattfinden können, wird nichts mitgeteilt, Preußentum und großbürgerlicher Standesdünkel sind dem Text als offen diskutierte Themen unbekannt. Das mag man dem Roman als Schwäche auslegen, es ist aber konsequent dargestellt, da es die hermetische Lebenswelt der jungen Ellen exakt widerspiegelt. Aus dieser Abgeschlossenheit, die bereits eine Vorwegnahme der späteren Kasernierung im Internat darstellt, speist sich Ellens unbändige Lust, auszubrechen und die Welt zu erfahren. So wird die Vorstellung, als Akrobatin zum Zirkus zu gehen, Anerkennung zu finden und eine nomadische Existenz zu führen, eine dominante Phantasie ihrer Kindheit. Das Leben zu Hause ist für Ellen unerträglich, die Welt draußen hingegen unbekannt und verheißungsvoll (vgl. S. 45).

Ellens Mutter ist die Freifrau Anna Juliane Olestjerne, eine strenge und ungerechte Frau. Ellen leidet unter ihr, sie erfährt von ihr keinen Zuspruch und keine Anerkennung und wird gegenüber ihren anderen Geschwistern stets benachteiligt. Die schweren Konflikte zwischen Mutter und Tochter entzünden sich daran, daß die Mutter Ellen in ein bestimmtes Weiblichkeitsbild mit dem entsprechenden Rollenverständnis zwingen will. Ellen hingegen lehnt jegliche Geschlechtsidentität ab und nimmt statt dessen für sich dieselben Rechte und Freiheiten in Anspruch, die auch ihren Brüdern zugestanden werden. Daraus entwickelt sich die Konfliktlage der ›schwierigen Tochter‹, eine Situation, in die Ellen systematisch getrieben wird. Reventlow verfolgt sehr genau die einzelnen Schritte, die zu diesem Konflikt führen, der von Seiten der Mutter größtenteils mit körperlicher Gewalt ausgetragen wird. »Mama und Prügel kriegen waren so ziemlich die ersten Begriffe, die ihr Bewußtsein zu fassen vermochte und die für sie in eins zusammenfielen« (S. 17). Die Identität von Mutter und Gewalt prägt Ellens weiteres Leben, da es stets Mutterfiguren sind, mit denen sie unlösbare Konflikte austrägt. Und Ellen stellt tief verletzt fest, daß nicht einmal die Hunde so viel Prügel bekommen wie sie, sogar die ›Tatwaffe‹ muß sie selbst holen (vgl. S. 23). Später wird Ellen einmal sagen, daß sie keine Mutter gehabt und nie erfahren hat, was Mutterliebe ist (vgl. S. 80).

Ellen erfährt sich in der Familie als nicht aufgehoben, ja überflüssig. Schon sehr früh im Text und auch früh in ihrer Entwicklung kommt sie zu dem Schluß, »es läge alles nur daran, daß sie ein Mädchen war« (S. 18). Sie phantasiert den Geschlechtswechsel, wünscht sich, ein Junge zu sein. Und als sie sechs Jahre alt wird, muß sie eine bittere Erfahrung machen: Das Kindermädchen hatte ihr gesagt, daß sie mit sechs ein Junge würde, doch sie bleibt ein Mädchen, das lernen muß, daß Mädchen nicht auf Bäume klettern, nicht so wild sein und nicht die Kleider schmutzig machen dürfen. Ellens Kindheit besteht aus Verboten und Strafen, von der Mutter fühlt sie sich sogar verfolgt (vgl. S. 39). Wenn diese beispielsweise ihr Zimmer betritt, empfindet Ellen immer etwas Eisiges, »und nachts träumte sie manchmal, daß die Mutter mit der großen Schere hinter ihr herlief und sie umbringen wollte« (S. 40). Jeder Blick der Mutter birgt für Ellen die Frage, weshalb sie überhaupt auf der Welt sei.

Als der ältere Bruder stirbt, wird eine Gouvernante eingestellt, die sich um die Erziehung Ellens und ihres jüngeren Bruders Detlev kümmern soll. Als Reaktion auf die zunehmende Isolation innerhalb der Familie und auf die fehlende Liebe der Mutter und des Vaters verschreibt sich das Mädchen dem Teufel. Und dies im wörtlichen Sinn, sie schreibt ihm einen Brief und bietet ihm ihre Seele an, wenn er ihr bei der Flucht aus dem Elternhaus helfen wolle. Aufschlußreich ist diese Szene insofern, als sie die Bedeutung des Worts und der Schrift schon für die junge Ellen betont. Ellen kann als Mädchen oder später als Frau sich nur mit dem Wort und mit der Kunst gegen Rollenzwänge, gegen Vereinnahmungen und Erwartungen zur Wehr setzen. Die pädagogischen Absichten der Gouvernante sind eindeutig, sie nimmt sich vor, »das unmögliche Kind mit gütiger Strenge zu zähmen« (S. 32). Reventlow benennt damit ein Wort, das in der Pädagogik und in der Literatur gleichermaßen zum abendländischen Sinnbild für Affektkontrolle geworden ist, die Bändigung, die Domestikation, die Disziplinierung oder die Zähmung.[2] Immer wieder wird das Wort von der Zähmung und Beherrschung gegen Ellen gebraucht. Von der unbändigen Wildheit Ellens ist die

Rede (vgl. S. 36), und das Adjektiv signalisiert, worum es in der Tat geht: die Erziehung als Bändigung versagt. Denn Ellen läßt sich nicht zähmen, da sie sich nicht zähmen lassen will. Im Gegensatz zu ihrer wesentlich älteren Schwester fügt sie sich nicht in das ihr als unausweichliches Schicksal angebotene Rollenverständnis eines Mädchens und einer Frau.

Nur am Rand wird das Thema Sexualität gestreift, das dann von Musil im *Törleß* wenige Jahre später in den Mittelpunkt eines Schultextes gerückt werden wird. Die Kinder entdecken in der Bibliothek ein Buch, das versteckt unter allen anderen aufbewahrt wird. Es geht darin um »das große Geheimnis« (S. 35) Sexualität. Die Kinder müssen feststellen, daß ihre Mutter ihnen im Gegensatz zur Mutter eines befreundeten Jungen vieles vorenthält. Die Mutter will, daß Ellen ein »vernünftiges Mädchen« (S. 36) wird und nicht mehr mit den Jungen spielt. Der Gedanke, später einmal zu heiraten und Kinder zu bekommen, überhaupt, »daß sie eine Frau werden sollte«, ist für die junge Ellen »ein schrecklicher Gedanke« (S. 37). Ellen wehrt sich gegen ihr biologisches Geschlecht ebenso wie gegen ihr soziales. Doch das Erziehungsprogramm, dem sie unterworfen wird, ist unerbittlich, es erschöpft sich in Tanzstunde, längeren Kleidern und sauberen Händen (vgl. S. 41). Das Ergebnis dieser Erziehung lautet für Ellen: »Du kommst Ostern in die Pension nach A. …« (S. 45). Die Doppeldeutigkeit des Begriffs Pension offenbart die Problematik der Mutter-Tochter-Beziehung. Für die Mutter ist das Mädchenpensionat, um das es hier geht, auch eine Art von Privileg der Tochter. Es bedeutet für sie, daß, während sie selbst zu Hause das marode Anwesen bewirtschaften hilft, die unbeugsame Tochter sich urlaubsgleich in einer Pension aufhalten darf. Der Abschied von der Kindheit vollzieht sich für Ellen abrupt.

All dies, die Geschichte des Konflikts zwischen Ellen und ihrer Mutter zu kennen, ist erforderlich, um den Konflikt, den Ellen in und mit der Schule austrägt, verstehen zu können. Lernen müssen heißt für Ellen, gequält werden. Schule ist der Ort des Martyriums. Die ersten Worte der Internatsleiterin Ellen gegenüber setzen jenes Vaterwort fort, von dem Ellen erst sehr viel später berichten wird. Wiederholt habe der Vater sie gefragt: »Was soll aus dir werden, wenn du dich nicht zügeln lernst?« (S. 94). Ihre Lebhaftigkeit solle sie zügeln, schreibt ihr der Vater ins Internat, anfangen solle sie, eine junge Dame zu werden. Die Verweiblichung des Ichs bedeutet, die Selbstbändigung erfolgreich ins Werk zu setzen. Für Ellen heißt Frau sein gebändigt sein. Auch die Pröpstin des freiadligen Stifts ermahnt sie: »Vor allem, mein Kind, mäßige dich in deiner Art zu reden. [...] Es schickt sich überhaupt nicht, so aufzubrausen« (S. 46). Die Pröpstin sei »gerade wie Mama« (S. 48). Die Pädagogik des Internats setzt das Erziehungsprogramm der Privatlehrerin fort, mäßigen solle Ellen sich. Sittsamkeit und Anständigkeit sind die obersten Lernziele des Internats (vgl. ebd.). Das disziplinierte Wort ist das, was die Schülerinnen dort in der Schule lernen sollen. Die Unterwerfung in der Sprache geht der Unterwerfung im Leben unter Mann und gesellschaftliche Rollenzuschreibung voraus.

Die ›ungeschulte Vernunft‹, von der bei Musils *Törleß* die Rede sein wird, zu schulen heißt, sie zu disziplinieren. Barbara Frischmuth wird genau dies in ihrer *Klosterschule* zum Thema machen. Zu Beginn des Jahrhunderts ist die offene Revolte einer Frau in der Literatur (sowohl auf der Figurenebene in der Beschreibung eines weiblichen Ichs als auch auf der Autorebene in der Form, daß eine Frau diese Art von Schultext verfaßt) gegen das Erziehungs- und Schulpatriarchat noch nicht möglich. Erst Christa Winsloe wird mit ihrem Roman *Mädchen in Uniform* den entscheidenden Schritt zur literarischen Rebellion wagen, dem dann Frischmuth und – wohl am radikalsten bislang – Christa Reinig folgen werden.

Auch Reventlow streicht den paramilitärischen Charakter sogar eines Mädcheninternats heraus. Ihrem Bruder berichtet Ellen in einem Brief, daß sie sich wie in einem Gefängnis fühle, in Reih und Glied müßten sie sogar spazierengehen. Als unsittlich wird es angesehen, wenn sich die Schülerinnen im Nachthemd auf den Flur begeben. Und schließlich bekennt sie dem Bruder, daß sie sich in die Mitschülerin Editha verliebt hat. Zum Neujahr 1886 ist die Über-Ich-Bildung abgeschlossen, der Verinnerlichungsdruck so groß, daß sich Ellen vorgenommen hat, zukünftig sich ändern zu wollen, »sich mehr im Zaume halten« (S. 51). Die Selbstbändigung oder der Selbsterziehungsplan, von dem Robert Walsers Jakob von Gunten sprechen wird, ist am Ort ihrer Kindheit, in der Heimatkirche während der Weihnachtsferien, in die Tat umgesetzt. Freilich nur scheinbar. Denn die Konflikte liegen tiefer.

Editha wird für Ellen zum Objekt ihrer Idealbildung. Ellen schreibt Gedichte auf sie, das Wort und die Kunst sind ihre Mittel gegen die Unterdrückung und den Bändigungsdruck in der Schule:

> *Anfang Februar war Edithas Geburtstag. Ellen träumte eine Zeitlang davon, der Freundin ihre gesammelten Gedichte zu schenken, mit Druckschrift und schön gebunden. Sie schienen ihr aber schließlich doch nicht gut genug, und so wollte sie denn lieber ein Gedichtbuch kaufen. Wer sie gemacht hatte, war ja einerlei, wenn nur recht viel von Liebe drin stand.* (S. 53)

Die mit dem Buchgeschenk verbundenen Hoffnungen enden im Desaster. Ellen und Editha ziehen sich in einen Schlafsaal zurück und lesen sich die Gedichte laut vor. Von einer Lehrerin werden sie gesucht und schließlich gefunden. Eine genaue Untersuchung wird angeordnet, alle außer Ellen werden einem peinlichen »Verhör« (S. 54) unterzogen. Ellen hatte sich mehrerer Vergehen schuldig gemacht. Da ihr das Taschengeld infolge anderer Verstöße gegen die Schulordnung gestrichen worden war, hatte sie sich Geld von Mitschülerinnen geborgt; das war verboten. Ferner hatte sie eine neue Mitschülerin beauftragt, für sie das Gedichtbuch zu kaufen, denn alle Einkäufe wurden von der Internatsleiterin kontrolliert; auch das war untersagt. Schließlich war der Inhalt des Gedichtbands für die strengen Moralistinnen der Schule anstößig, und außerdem durfte man sich tagsüber nicht im Schlafsaal aufhalten; die Angst der Lehrerinnen vor homosexuellen Neigungen ihrer Schülerinnen war viel zu groß. Dies ist übrigens ein Thema, das in nahezu allen Internatstexten leitmotivisch wiederkehrt. Allein der Verdacht genügte, um eine Tat zu konstruieren, wo noch nicht einmal eine Absicht bestanden hatte. Die Schulleitung beschließt, daß Ellen Olestjerne offiziell geächtet wird. Sie ist der Outlaw des Internats, da sie sich gegen jede »Zucht und Ordnung« aufgelehnt, sich »lachend über alle Regeln hinweggesetzt«, eines »gemeinen Betrugs« schuldig gemacht und den Namen einer Mitschülerin »mißbraucht« (S. 55) habe. Die Pröpstin erklärt unmißverständlich allen Schülerinnen: »Ihr habt sie von jetzt an als ehrlos zu betrachten und ich warne jede, die noch mit ihr verkehrt« (ebd.). Die Frage nach der Ehre eines Schülers oder einer Schülerin wird auch bei Robert Walser und

Christa Reinig gestellt werden. Walser beantwortet sie knapp, es gäbe keine persönliche Ehre, nur eine Ehre des Internats, »hat ein Schüler Ehre? Keine Rede« (*Jakob von Gunten,* S. 89). Für Reinig ist es ausgemacht, daß ihre Protagonistin ohnehin keine Ehre hat, da sie Schüler und weiblich ist. Manuela hat indes viel über Ehre gelesen. Bei Reinig heißt es: »Ob sie wohl eine ehre hat, obwohl sie doch gar kein mann ist?« (*Die ewige Schule*, S. 77). Ein Schüler hat keine Ehre, ein Mädchen schon gar keine. Die politischen Umstände haben sich zwar gewandelt zwischen 1871 und 1980, wenn man die erzählte Zeit zum Maßstab nimmt, oder zwischen 1902 und 1982, wenn man die Publikationsdaten zugrunde legt. Doch die bürgerlichen Tugenden und Wertvorstellungen und ein Rest von preußischem Ehrbegriff sind geblieben. Die Schule ist die sicherste Garantin für die Kontinuität von Wertvorstellungen, solange diese nicht von innen heraus, von ihren Lehrern und Leitern grundsätzlich in Frage gestellt wird.

Ellen Olestjerne ist nun ehrlos. Als sie auch noch ihren Schrank räumen muß, schreibt sie auf die Innenseite der Schranktür: »Ich habe nie das Knie gebogen – den stolzen Nacken nie gebeugt« (S. 56). Widerstand wird so zum Heldentum, das sich allein zelebriert, ausgeschlossen und verstoßen von jenen, für die sie eigentlich Heldin sein wollte. Sie durchlebt einen »Rausch von Auflehnung« (S. 57), aus dem sie jeweils ernüchtert und enttäuscht wieder erwacht. Auch der Ton ihrer Gedichte wandelt sich, aus Liebesgedichten auf die Freundin werden nun Widerstandslieder gegen die Schulunterdrückung: »Es kreist mein Blut in wildem, schnellem Lauf – und alle Pulse hämmern laut. – Mein Stolz, mein Selbstgefühl bäumt, ach, sich auf. – Zuviel, zuviel habt ihr mir zugetraut« (S. 58).

Die fünfzehnjährige Ellen wird vom Internat verwiesen. Am letzten Tag begegnet sie dem Pfarrer, für den Ellen Sympathie empfindet und der sie als einziger zu schätzen weiß. Er spricht zwar von ihrem schlimmen Widerspruchsgeist und ihrem kindischen Trotz, die Ellen aufgeben solle, doch glaubt er an das Gute in Ellen: »ich weiß, daß Sie im Grunde nicht schlecht sind« (S. 59). Dies ist eine Feststellung, die – isoliert betrachtet – den Pfarrer durchaus als Humanisten und Philanthropen erscheinen läßt. Doch dann fällt ein Satz, der auch die ›Verpreußung‹ des Pfarrers, seine bürgerliche Ideologie angesichts der unbändigen Autonomiesehnsucht des Mädchens zum

Ausdruck bringt: »Sie waren eine von meinen besten Schülerinnen und ich möchte, daß Sie einer von meinen besten Menschen werden« (ebd.). Demnach ist ein guter Schüler auch ein guter Mensch, und ein guter Mensch war ein guter Schüler. Wie katastrophal sich diese Gleichung in der Pädagogik des 19. und 20. Jahrhunderts ausgewirkt hat, davon handeln alle kritischen Schultexte. Sie versuchen gegen das Vergessen anzuschreiben, daß es eben nicht wahr ist, aus einem guten Schüler werde auch ein guter Mensch. Rilke brachte dies in einer Bemerkung auf den Punkt, als er schrieb: »Man lese die Lebensgeschichte aller großen Menschen; sie sind, was sie geworden sind, immer *trotz* der Schule geworden, nicht durch sie.«[3] Zu denken geben sollte auch die Skepsis Lichtenbergs aus den *Sudelbüchern* von 1776: »Ich glaube, wenn unsern Pädagogen ihre Absicht gelingt, ich meine, wenn sie es dahin bringen können, daß sich die Kinder ganz unter ihrem Einfluß bilden, so werden wir keinen einzigen recht großen Mann mehr bekommen.«[4] Und im 20. Jahrhundert hat Alfred Döblin in seiner *Gespenstersonate* unmißverständlich gefordert, »die Schule soll dem Schüler helfen«.[5] Mit Witz und Ironie resümiert dies ein weitverbreitetes Schülerwort, welches ein lateinisches Bildungszitat entsprechend persifliert: non vitae sed scholae discimus, zu deutsch meist wiedergegeben mit den jugendlichen Worten: nur für die Klassenarbeit lernen wir.

Der Anspruch, daß ein guter Schüler, eine gute Schülerin, auch ein guter Mensch ist, koppelt ethische Normen mit den Regulativen der Ausbildung. Er schreibt eine Identität von Moral und Schule fest, die weder von seiten der Moral noch von seiten der Schule gerechtfertigt ist. Denn der Ausbildungsgrad eines Menschen entscheidet nicht über seine Moralität, eine gute Tat kann von einem schlechten Schüler oder eine schlechte Tat von einem guten Schüler begangen werden. Das Junktim von moralischer Leistung und schulischer Leistung ist die Last der Aufklärung, unter der das moderne Subjekt ächzt. Die im 18. Jahrhundert entstehende bürgerliche Gesellschaft formuliert ihren moralischen Anspruch in der Verbindung, den Verstand aufklären und das Herz bessern zu wollen. Damit beginnt auch die Reflexion über die Techniken dieser Aufklärungsarbeit, auf welche Weise es zu bewerkstelligen sei, den Verstand ›sachgerecht‹ aufzuklären, die ›richtige‹ Aufklärung zu betreiben und die ›richtigen‹ Menschen aufzuklären. Das Ergebnis sollte darin bestehen, einer aufgeklärten Vernunft ein gutes Herz an die Seite zu stellen, und eine aufgeklärte Vernunft war letztlich eine erfolgreich geschulte Vernunft. Der Mensch könne nur Mensch durch Erziehung werden, heißt es in Kants Spätschrift *Über Pädagogik* (1803). Ein Kind müsse zur Arbeit gewöhnt werden, und die Schule sei der beste Ort, um diese Neigung zur Arbeit auszubilden. »Die Schule ist eine zwangmäßige Kultur«,[6] schreibt Kant. Der Zwang ist für die Erziehung nützlich, doch Kant warnt: »Zwangmäßig muß die Erziehung sein, aber sklavisch darf sie deshalb nicht sein.«[7] Dann stellt Kant die entscheidende Frage: »Ob aber der Mensch nun von Natur moralisch gut oder böse ist? Keines von beiden, denn er ist von Natur gar kein moralisches Wesen; er wird dieses nur, wenn seine Vernunft sich bis zu den Begriffen der Pflicht und des Gesetzes erhebt.«[8] Und die Techniken dieser Erhebung, die Apparaturen von Moral und Gesetz lehrt die Schule. Derselbe Kant forderte an derselben Stelle allerdings auch, um eine Kultur des Gedächtnisses bei den Kindern zu schaffen, sei es nötig, ihnen alle Romane wegzunehmen. Die Literatur hatte keinen hohen Stellenwert bei ihm.

Da der Pfarrer in Reventlows Roman nun weder ausschließlich philosophisch noch theologisch argumentiert, kann man in seiner Äußerung eine bürgerliche Bewußtseinsform des späten 19. Jahrhunderts erkennen. Es sind andere Gründe, die den Pfarrer und mit ihm diese Art der bürgerlichen Ideologie zu einer solchen Ansicht veranlassen. Und diese Gründe liegen in der implizierten Machtthematik. Neben der Geschlechterdifferenz, die in dem Prädikat des ›guten Menschen‹ auch die ›gute Frau‹ mitdenkt – denn eine gute Schülerin ergibt später einmal eine gute, und das bedeutet in dieser Lesart eine gesellschaftlich brauchbare Frau –, verschafft der Pfarrer jener Ansicht das Wort, wonach der gute Mensch der sozial verträgliche, der dem Gemeinwohl dienliche und der dem Staat dienende Bürger ist. Ein guter Schüler ergibt einen guten Bürger. Wenige Jahre später (wenn man nur die erzählte Zeit des Romans berücksichtigt) wird dieser heimliche Rekrutierungsanspruch der Macht offensichtlich. Dann sind gute Schüler auch gute Soldaten: die Kadettenerzählungen sprechen allenthalben von dieser Gleichung.

Den Abschied vom Internat empfindet Ellen als Befreiung, nun kann für sie ein neues Leben beginnen. Zum letzten Mal muß Ellen der Pröpstin die Hand küssen, im Text steht: »dieser Sklavenhandkuß!« (S. 61). Mit dem Stilmittel der erlebten Rede schildert Reventlow auch diese Szene sehr bewegt, und die Grenze zwischen Fiktion und Autobiographie verschwimmt. Darin liegt ein Erzählverfahren der Autorin, das von vornherein die Vorstellung unterläuft, daß es in einem Roman eine Trennung von Autorin, Erzählerin und Figur, von Autobiographie und Fiktion geben muß. Reventlow bedient sich eines erzähltechnischen Verfahrens, das ihr größtmögliche Souveränität im Umgang mit den Inhalten der einzelnen erzählten Episoden garantiert. Als auktoriale Erzählerin mischt sie Gattungen; Auszüge aus Briefen von Ellen, von ihrem Vater und von ihrer Mutter werden ebenso wiedergegeben wie Passagen episch breit, im Tagebuchstil oder als erlebte Rede geschrieben werden. Das ist in der Literaturgeschichte nicht neu, überhaupt sind die meisten Schultexte formal wenig innovativ, sie bedienen sich meist herkömmlicher Erzählverfahren oder variieren diese geringfügig. Doch überzeugt Reventlows Erzähltechnik in diesem Roman, da sie eine hohe Konzentration auf die Hauptfigur Ellen Olestjerne erlaubt. Dadurch geraten die Nebenfiguren etwas blaß (wie beispielsweise der Vater), Figurenbeschreibungen wiederholen sich gelegentlich und Kontexte und andere Bezüge, die zum Leserverständnis erforderlich wären, werden ausgespart, wie mit Recht bemängelt wurde (vgl. S. 248).

Als Ellen zu Hause ist, stellen sich die alten Konflikte wieder in neuer Intensität ein. Der Vater ist ratlos. Da er sich bislang ohnehin kaum um die Erziehung Ellens gekümmert hat, muß er sich nun eingestehen, daß er nicht weiß, was Ellen will, ob sie Liebe oder Strenge braucht, er kann sein Kind nicht begreifen (vgl. S. 62). Seiner Forderung jedenfalls, sich zu zähmen, kommt sie auch zu Hause wieder nicht nach. Inzwischen hat sich Ellen der Malerei zugewandt. Kunst – bisher waren es Gedichte – wird für sie mehr und mehr zur eigentlichen Ausdrucksform und zum Medium der Selbstfindung. Doch auch dies versagt ihr die Mutter, Ellen darf nicht malen. Reventlow schildert mit diesem Verbot sehr drastisch die bürgerlichen Vorurteile gegenüber Kunst als Lebensform. Und in dieser Welt hat die Vorstellung von einer Frau als Künstlerin schon gar keinen Ort. Ellens Skizzen sind für die Mutter »Geschmier« (S. 64), der Konflikt aus der Kinderzeit setzt sich also auch nach der »unglückselige[n] Pensionsgeschichte« (S. 63) fort. Ja, er spitzt sich sogar zu, denn Ellens Mutter beginnt, die Privatsphäre ihrer Tochter systematisch zu verletzen. Die Mutter findet Ellens handgeschriebenes Gedichtbuch, nimmt es mit und zwingt ihre Tochter zur Rechtfertigung.

> *Du hättest es verdient, daß ich es dir um die Ohren schlage. Was ist das für ein unerhörtes Zeug? Schämst du dich denn nicht, so was zusammenzuschmieren? Das hört jetzt auf, verstanden? – Und was du da an deine Editha schreibst – du meinst wohl, daß dir arges Unrecht geschieht, wenn du nicht all deinen verrückten Einbildungen folgen sollst. Von jetzt an lese ich all deine Briefe, verlaß dich darauf.* (S. 66)

Damit setzt sich wiederum für Ellen ihre Internatserfahrung fort, die darin bestand, ständig überwacht und bestraft zu werden und keinerlei privaten Raum zugestanden zu bekommen. Erst bei ihrer Tante, zu der sie schließlich gebracht wird, findet Ellen das Verständnis, worauf sie mehr als fünfzehn Jahre gewartet hatte. Sie nimmt Malunterricht und kann »nur der Kunst leben« (S. 68). Ellens Schulzeit ist zu Ende. Damit endet auch der erste Teil des Romans.

In ihrem Nachwort betont die Herausgeberin Gisela Brinker-Gabler die Bedeutung der Subjektivität für den Roman, die zum einen Kennzeichen der Schreibweise Reventlows sei und den autobiographischen Charakter und die identifikatorische Intention unterstreiche, zum anderen aber auch Kennzeichen der Literatur um 1900 sei, worin sich Stilzüge des literarischen Impressionismus und des Jugendstils mischten. Danach sei das Leben Kunst, und leben heißt leben für die Kunst. Subjektivismus, Mystik, Moral- und Erziehungskritik sowie eine unkritische Ibsen- und Nietzsche-Verehrung, die Bedeutung der Bohème als alternativer Lebensform, geschlechterdifferente Lebensentwürfe und das Thema weiblicher Autonomie seien charakteristisch für diese Literatur. Wie brauchbar solche Kategorien und Klassifizierungen sind, zeigt sich immer erst in der Anwendung auf einen konkreten Text. *Ellen Olestjerne* verdient jedenfalls, nicht nur wiedergelesen zu werden, sondern ist in seiner literaturgeschichtlichen Bedeutung noch zu entdecken. Dieser Roman steht am Beginn des 20. Jahrhunderts als das erste Beispiel eines Schultextes, der eine weibliche Perspektive geltend macht. Er ist von einer Autorin geschrieben und hat zur Hauptfigur eine Schülerin. In besonderer Weise führt er drastisch vor Augen, welche Ausweglosigkeit es für eine Jugendliche zu erkennen gilt, die auf ein Internat geht, die als Schülerin Objekt schulischer Unterdrückung ist und als Frau auch die patriarchale Unterdrückung erfährt, sofern sie nicht bereit ist, sich anzupassen und zu unterwerfen. Das Patriarchat sichert sich sein Fortbestehen durch die beliebige Übertragbarkeit seiner Herrschaftsapparatur und die Unabhängigkeit vom biologischen Geschlecht. Es funktioniert auch dann, wenn es im System Macht die Gelenkstellen weiblich besetzt, wie das Beispiel der Mutter und der Pröpstin im Roman zeigt. Die Inszenierung der Macht wird in *Ellen Olestjerne* auch zu einer Inszenierung des herrschenden Geschlechts. Winsloe, Frischmuth und Reinig werden den Protest gegen diese doppelte Ohnmacht von Schülerinnen in ihren Schultexten fortsetzen.

Hermann Hesse: Unterm Rad

Hermann Hesses (1877 – 1962) Roman *Unterm Rad*[9] erschien im Oktober 1905 in Buchform, vordatiert auf das Jahr 1906. In der *Neuen Zürcher Zeitung* war er 1904 schon als Fortsetzungsroman veröffentlicht worden. Bis zum Jahresende waren bereits 15.000 Exemplare verkauft. *Unterm Rad* ist ebenso wie *Der erste Schultag* von Holz und Schlaf kein ›klassischer‹ Schultext. Die Schulepisode des jungen Hans Giebenrath im Evangelisch-Theologischen Internat, einem ehemaligen Zisterzienserkloster, in Maulbronn, dem sogenannten Seminar, bildet nur einen Teil des Romans – den Hesse selbst ab 1925 im Untertitel *Erzählung* nennt – innerhalb der beschriebenen Entwicklungsgeschichte des Jungen.

Heinz Strauss führt in seiner Dissertation über Klosterromane von 1921 für den Zeitraum von 1767–1821 insgesamt 101 Texte an. Diese reichen von Hans Ernst v. Teubern bis zu E.T.A. Hoffmann. Strauss liefert dabei folgende Definition: »Der Klosterroman ist ein Roman, der sich inhaltlich mit dem Kloster als Problem beschäftigt, dem das Kloster Wesens-Teil ist. Er spricht Ansichten über das Kloster aus, in positivem oder negativem Sinn, woraus deutlich des Verfassers Gesinnung oder aber die Wünsche des Leserkreises zu ersehen sind.«[10] Die Bezeichnung ›Klosterroman‹ auf Hesses *Unterm Rad* anzuwenden, ist mithin problematisch, ganz abgesehen vom möglichen Erkenntnisgewinn. Denn Hesses Roman ist kein Klosterroman im engeren Sinn, obgleich die beiden zentralen Kapitel des Buchs dort spielen. Der Begriff des Klosterromans ist anders definiert, insofern gehört *Unterm Rad* in die Reihe der Internatsromane. Doch auch dies nicht eindeutig und ausschließlich, denn Hesses Roman bildet meines Wissens die einzige Ausnahme innerhalb der Geschichte der Schultexte, die eine Mischung von Schul- und Internatstext darstellt. Auch aus diesem gattungstypologischen Grund, der freilich nur eine formale und höchst äußerliche Seite des Romans kennzeichnet, gehört er in die Reihe der Schul- und Internatsromane um 1900.

Hesse war selbst kurze Zeit auf dem Seminar. 1891 trat er ein. Wegen einer ›seelischen Krise‹, wie es oft beschönigend heißt, wurde er, nachdem er aus dem Seminar geflohen war, 1892 vom Internat verwiesen. Das Tagebuch seiner bigotten Mutter läßt keinen Zweifel daran, daß für sie der mögliche Tod des Sohns leichter zu bewältigen gewesen wäre, als ein Vergehen gegen Schulordnung und Schulregeln. In der Sprache eines Lehrers wird dem jungen Hesse ein immer wiederkehrender Zustand größter Erregtheit attestiert, in welchem er überschwengliche und überspannte Gedichte schreibt.[11] Diese Zusammenhänge haben in der Forschung stets dazu geführt – oder sollte man sagen verführt? –, in *Unterm Rad* nur eine diskursive Entlastungsfunktion des Autors zu erkennen, der seine persönlichen und traumatischen Schul- und Internatserlebnisse in Romanform aufarbeitet. Natürlich ist diese Sicht nicht falsch, doch einseitig. Denn Hesse schreibt inmitten der literaturgeschichtlichen Tradition der Schultexte einen Schul- *und* Internatsroman – und auf keinen anderen Schultext trifft diese Doppelbezeichnung wohl genauer zu als auf *Unterm Rad* –, der den Aspekt der Schulkritik mit einer grundsätzlichen Gesellschafts- und Kulturkritik koppelt.

Der Text ist in sieben Kapitel gegliedert, von denen jedoch nur die ersten vier als Teile einer Schulgeschichte gelten können. Die Kapitel fünf, sechs und sieben zeigen die junge Hauptperson schon als gescheiterten Schüler, der eine Lehre macht und schließlich auch im Leben strandet. Im ersten Kapitel wird die Hauptfigur Hans Giebenrath vorgestellt. Hans gilt seinen Lehrern als etwas Besonderes, und so ist seine weitere Zukunft bereits festgelegt, er soll Pfarrer oder Lehrer werden. Aus diesem Grund wird er auf das sogenannte

Landexamen vorbereitet. Dies ist eine mehrtägige Prüfung zur Aufnahme in das Evangelisch-Theologische Seminar in Maulbronn, ein Internat der württembergischen Landeskirche, das unter anderem auch auf diese Weise seinen Pfarrernachwuchs sichert. Hans besucht in Calw das Stadtgymnasium und wird darüber hinaus vom Stadtpfarrer, vom Rektor der Schule und von anderen Lehrern auf das Landexamen in der Hauptstadt Stuttgart vorbereitet. Hesse hat übrigens in einer kleinen autobiographischen Prosaskizze mit dem Titel *Unterbrochene Schulstunde* von 1948 die Atmosphäre dieser Schule festgehalten. Hans gilt als der begabteste Schüler in der Stadt, die Erwartungen an ihn sind von Beginn an hoch. Aber schon früh wird ein mögliches Scheitern angedeutet. Der pietistische Schuhmacher Flaig erklärt Hans, daß es keine Schande sei, durchs Examen zu fallen (vgl. S. 14). Anders hingegen reagiert der Stadtpfarrer, der es schlicht für unmöglich hält, daß Hans die Prüfung nicht bestehen könnte. Auch der Vater will nichts von einem möglichen Scheitern hören, und die Mitschüler schließen Wetten darauf ab, ob Hans bestehen wird oder nicht. Der Pfarrer wird somit zu einer wesentlichen autoritären Instanz, die den Erwartungsdruck auf Hans zunehmend steigert und aufrecht erhält. Hesse schildert die Einstellung des Schülers gegenüber seinem Lernstoff als »zäh, trotzig und ehrgeizig, oft auch der Verzweiflung nah« (S. 17). Der Ehrgeiz von Hans Giebenrath ist Ausdruck seines Bedürfnisses, Aufmerksamkeit und Zuwendung zu erfahren. Nur ein guter Schüler ist ein guter Mensch – diese Erfahrung macht auch Hans beizeiten, und es mag Zufall sein, daß diese fatale Haltung des Pfarrers aus Reventlows *Ellen Olestjerne* in Hesses *Unterm Rad* wiederum ein Geistlicher vertritt.

Hans reist mit seinem Vater nach Stuttgart. Die Schilderung der Szene am Calwer Bahnhof läßt an die Eingangspassagen von Rilkes *Pierre Dumont* und Musils *Törleß* denken. Doch das Verlassen der Heimat, der bisherigen kleinbürgerlichen Welt, bedeutet keine Trennung, sondern die Wiederkehr begleitet stets den Reisenden. Bei Hesse wird die Perspektive also gegenüber Rilkes und Musils Texten umgekehrt, der Zug – als Symbol des technischen Fortschritts und Zeichen großer Mobilität – bringt den Schüler nicht an den Ort seiner ›Leiden‹, sondern zunächst weg davon. Erst im zweiten Teil wird Hans dann auch mit dem Zug ins Internat reisen. Hans besteht das Landexamen sogar als Zweitbester und kehrt als erfolgreicher Schüler in seine Heimatstadt zurück.

Das zweite Kapitel zeigt Hans in den Sommerferien. Hans kehrt an die Orte seiner Kindheit zurück, er regrediert und will die durchs Lernen verlorene Zeit wieder einholen und »noch einmal recht ungeniert und sorgenlos ein kleiner Knabe sein« (S. 33). Der Abschied von der Kindheit hat sich indes schon längst vollzogen. Hans geht zwar anfänglich am Fluß angeln und genießt die Tage, die frei von Lernzwang und Erfolgskontrolle sind. Doch hat Hans den Erwartungs- und Leistungsdruck inzwischen erfolgreich verinnerlicht und will selbst der beste Schüler sein. Die Erholungsphase ist nur von kurzer Dauer. Der Rektor und nach ihm der Stadtpfarrer bedrängen Hans, sich freiwillig auf die zu erwartenden hohen schulischen Anforderungen im Internat vorzubereiten. Hans nimmt also ›freiwillig‹ Unterricht in Griechisch, in Hebräisch und Privatstunden in Mathematik. Seine Freiwilligkeit ist Ergebnis der erforderten und nun vollzogenen zivilisatorischen Erziehung. Schule erweist sich als der Ort, wo diese Umwandlung von Fremdzwang in Selbstzwang beständig trainiert und der Erfolg prämiert wird. Hans funktioniert nun als Lernmaschine. ›Nürnberger Trichter‹, in den alles Wissen hineingeschüttet wird, der den Lernstoff entsprechend zu reproduzieren vermag und wovon Hesse im dritten Kapitel spricht (vgl. S. 57), ist geradezu eine beschönigende Beschreibung dieser Tatsache. »Schule, Schule, nicht abzusehen, immer Schule, Arbeiten, Pauker, dann die Eltern, nichts, nichts. [...] Lebst du denn? Was ist das? Eine Maschine, die rattert.«[12] Diese Worte von Hans Falladas Kai Goedeschal hätte auch Hans Giebenrath über sein Schülerleben sagen können. Hans müsse noch ehrgeiziger und noch zäher arbeiten, heißt es in Hesses Roman, wenn er im Internat die anderen Mitschüler hinter sich lassen will. »Und das wollte er entschieden. Warum eigentlich? Das wußte er selber nicht« (S. 41). Sein Tagesablauf ist wieder ebenso geplant und um Leistung und Wissenserwerb zentriert wie während seiner dreijährigen Vorbereitungszeit auf das Landexamen. Das alte Kopfweh stellt sich wieder ein, seine Müdigkeit nimmt zu. Äußerlich ist zwar sein »Ehrgeiz« (S. 45) erwacht. Doch innerlich beginnt Hans Giebenrath, den auf ihm lastenden Leistungs- und Erwartungsdruck zu somatisieren, psychische Probleme verschaffen sich bei ihm nun körperlichen Ausdruck. Hans bezieht seinen Stolz und sein »Selbstgefühl« aus einem gesteigerten »Arbeitsfieber« und »Erkenntnisdurst«; mit »Achtung« und »Bewunderung« (S. 46) begegnen ihm die Lehrer und der Rektor. Dieser Zusammenhang von schulischer Leistung und menschlicher Anerkennung wird in keinem anderen Schultext so stark exponiert, wie in Hesses *Unterm Rad*. Der Roman ist eine vehemente Anklage des schulischen Leistungsdenkens. Am Ende des zweiten Kapitels entfaltet Hesse ironisch im Ton diese Kritik. Dem Rektor bereite es Vergnügen, den Ehrgeiz von Hans Giebenrath zu lenken und wachsen zu sehen:

> *Man sage nicht, Schulmeister haben kein Herz und seien verknöcherte und entseelte Pedanten! O nein, wenn ein Lehrer sieht, wie eines Kindes lange erfolglos gereiztes Talent hervorbricht […], dann lacht ihm die Seele vor Freude und Stolz. Seine Pflicht und sein ihm vom Staat überantworteter Beruf ist es, in dem jungen Knaben die rohen Kräfte und Begierden der Natur zu bändigen und auszurotten und an ihre Stelle stille, mäßige und staatlich anerkannte Ideale zu pflanzen. Wie mancher, der jetzt ein zufriedener Bürger und strebsamer Beamter ist, wäre ohne diese Bemühungen der Schule zu einem haltlos stürmenden Neuerer oder unfruchtbar sinnenden Träumer geworden!* (S. 46)

In Hans sei etwas »Wildes, Regelloses, Kulturloses« (ebd.), das zuerst zerbrochen, gelöscht und ausgetreten werden müsse. Der Mensch sei von Natur aus unberechenbar, undurchsichtig und gefährlich, weg- und ordnungslos. Deshalb müsse die Schule »den natürlichen Menschen zerbrechen, besiegen und gewaltsam einschränken«; am Ende dieser schulischen Erziehung »nach obrigkeitlicherseits gebilligten Grundsätzen« stehe die »sorgfältige Zucht der Kaserne« (S. 47). Aus der gehorchenden Lernmaschine wird auf diese Weise der willfährige Befehlsempfänger, dessen äußeres Leben durch die Kasernierung im Internat semi- oder paramilitärischen Regeln unterworfen und dessen Bekleidung bereits die Tilgung von Individualität und die ›kleine Vermassung‹ durch die Schuluniformen (vgl. die grüne Seminaristenmütze, S. 82) anzeigen wird. Der Lehrer ist nach dieser Lesart der Vertreter des gesellschaftlichen Bändigungswillens, der Handlanger der Disziplinierung. Hesse schildert diese schleichende Militarisierung der Schule durch die Techniken des Lernens, Prüfens und – im Falle des Internats – des Zusammenlebens mit beißendem Spott. Kultur ist demnach das, was gebändigt ist und Regeln gehorcht. Damit erweitert sich die Schulkritik in diesem Roman zu einer fundamentalen Kulturkritik. Manche Passage erinnert an Kästners *Ansprache zum Schulbeginn* (1952), an seine Appelle an die Schüler, sie sollen sich u. a. die Kindheit nicht austreiben lassen, den Katheder weder für einen Thron noch für eine Kanzel halten, nicht zu fleißig sein, die Dummen nicht auslachen und den Schulbüchern mißtrauen.[13]

Mit der Perspektive der Schul- und Kulturkritik eröffnet Hesse das dritte Kapitel des Romans. Es schildert die ersten Tage im Kloster Maulbronn, wo sich die Schüler, die das Landexamen bestanden haben und aus dem ganzen Land zusammenkommen, zu neuen Klassen formieren. Hans lernt erstmals Mitschüler als Menschen kennen, mit denen Sympathien und Antipathien im Alltag zu teilen sind. Seine selbstgewählte und von den Lehrern in seiner Heimatstadt unterstützte, nachgerade geforderte soziale und kommunikative Isolation weicht im Internat unter dem Druck des Gruppenzusammenlebens auf. Hesse beschreibt die Lage des Seminars im Stil eines klassischen locus amoenus, freilich jedoch im Ton voller Ironie, der sich beispielsweise darin äußert, daß Hesse die Kasernierung durch das Internat lobt, die Schüler seien auf diese Weise den störenden Einflüssen und Zerstreuungen durch die Städte und durch das Familienleben entzogen und blieben so »vor dem schädigenden Anblick des tätigen Lebens bewahrt« (S. 54). Die idyllische topographische Lage des ehemaligen Zisterzienserklosters entspricht in keiner Weise der Dramatik jener Geschehnisse, die sich in der Folge hinter den Klostermauern ereignen werden. Im Laufe dieser kurzen Internatsepisode des Romans werden drei Schüler das Internat verlassen: einer wird verunglücken, der zweite, Hermann Heilner, mit dem Hans Giebenrath Freundschaft schließt, wird von der Schule verwiesen und Hans Giebenrath selbst wird mit einer ungünstigen ärztlichen Prognose vorläufig nach Hause geschickt werden.

Was das Thema Sexualität betrifft, ist Hesse weitaus zurückhaltender als Musil. Hesse geht es um einen anderen Aspekt, und dennoch blendet er Sexualität im Jungeninternat nicht einfach aus, wie manch anderer Schul- und Internatstext. So schildert er beispielsweise, wie Heilner Hans küßt (vgl. S. 72), eine Szene, die an ähnliche Szenen bei Barbara Frischmuth, bei Hugo Dittberner und bei

Christa Reinig denken läßt. Wenn der Freund als Ersatzobjekt für die Frau dient (vgl. S.76), oder wenn vom »herbe[n] Reiz reifender Männlichkeit« (S.89) die Rede ist, dann handelt es sich dabei natürlich um latente homosexuelle Gefühle. Sie werden aber in Hesses Roman von den Figuren in Freundschaftsbündnisse oder in künstlerische Aktivitäten umgewandelt. Insofern bleibt die Drastik der Beschreibungen und Darstellungen weit hinter Musils *Törleß* zurück.

Das Internatsleben nötigt, wie der Autor schreibt, zur Selbsterziehung und prägt bei den Schülern ein Gefühl der Zusammengehörigkeit aus (vgl. S.54). Diese ›chemische Mischung‹ (vgl. S.65) der Internatsgruppe ist dem Modell der Wahlverwandtschaften verpflichtet. Landsmannschaftlichkeit, Vertrautheit, der prinzipiell andere, Gleichheit, Absonderung, Zuneigung, Eifersucht, Freundschaft und Feindschaft – das sind die Motive und Formeln, nach denen sich in den ersten Wochen die Gruppenstrukturen ausprägen. Diese erzwungene Solidarität erweist sich denn auch in Krisensituationen als äußerst brüchig. Die Schulklasse im Internat ist eine Zwangsgemeinschaft, keiner der Schüler ist wirklich freiwillig hier. In familialen oder sozialen Zwängen und jugendlichen Idealbildungen – die meisten wollen Pfarrer oder Lehrer werden – liegen die Gründe für ihren Eintritt ins Seminar. Die Prägung durch das Internat ist so groß – und diese Erfahrung teilt Hesse mit den anderen Autorinnen und Autoren von Internatstexten –, daß Hesse behaupten kann, einen schwäbischen Seminaristen könne man auch im späteren Leben jederzeit als solchen erkennen. Der Autor spricht in diesem Zusammenhang von »Brandmarkung« (S.54). Ein Internatsschüler ist fürs Leben gezeichnet; über diese Erfahrung wird später auch Hugo Dittberner in seinem Internatsroman schreiben. Diese Internats- und Schulprägung schafft einen veränderten Menschen, den ›Langweiler‹ und ›Duckmäuser‹ (vgl. S.68), wie es der Gedichte schreibende und Lenau lesende Heilner nennt. Heilner wird als die Gegenfigur zu Giebenrath in den Roman eingeführt. Er nimmt sich jene Freiheit, von der Hans nur träumt, er begnügt sich damit, in der Schule nur das Notwendigste zu lernen, gute Noten sind ihm gleichgültig, die Beurteilung durch die Lehrer interessiert ihn nicht. Heilner ist intellektuell frei, ungebändigt und neugierig; auch emotional läßt er sich nicht disziplinieren; er weint, wenn er weinen will, und »Weinen galt ohne Zweifel für das Allerschlimmste, was ein Seminarist tun konnte« (S. 70). Hermann Heilner und Hans Giebenrath gelten als das ungleiche Paar, das von den Lehrern argwöhnisch beobachtet wird.

Als Heilner sich eines Vergehens schuldig macht, nimmt dies der Ephorus des Seminars – eine Funktion, die derjenigen eines Rektors in einem Internat entspricht – zum Anlaß, Heilner zu isolieren. Als »abschreckendes Beispiel« (S. 78) solle er den anderen dienen. Damit wird ein Gruppendruck erzeugt, der den Lehrern eine einfache Beurteilung erlaubt: wer zu dem Delinquenten hält, wer sich mit ihm unterhält, wer mit ihm spazierengeht oder mit ihm spricht, gehört selbst bestraft. Die ›Maschinisten‹ der Schule haben die Apparatur der Macht in Gang gesetzt, die Lernmaschinen funktionieren nach dem Rhythmus der Macht von Überwachen und Strafen. Hans hält diesem Druck nicht stand, zu lange schon hat er in seiner Heimatstadt in der Vorbereitung auf das Landexamen die Anpassung trainiert. Er distanziert sich von Heilner und empfindet doch schmerzlich seine eigene »Feigheit« (S. 78).

Im vierten Kapitel wird beschrieben, wie der erste der drei Schüler verschwindet. Der Allgäuer Hindinger ist plötzlich vermißt, er wird tot aus einem See geborgen. Die erzählerische Funktion dieser Episode liegt in der Arroganz der Umkehrung, welche die Lehrer einem toten Schüler gegenüber an den Tag legen. In diesem Kapitel spielt Hesse seine Souveränität und Macht als auktorialer Erzähler aus. Schon zu Beginn des Romans heißt es vom Vater Giebenrath, er hatte nur »einen einzigen Knaben, und von dem ist zu reden« (S. 8). Und ein »sagen wir« (S. 75) unterstreicht zwischendurch diesen auktorialen Anspruch. Der Tempuswechsel verstärkt nun die Aggressivität, die sich vom Gegenstand der Beschreibung auf die Beschreibung des Gegenstands überträgt und die sich nur schwer hinter einem sachlichen Stil verbergen kann:

> *Einen toten Schüler blickten die Lehrer stets mit ganz andern Augen an als einen lebenden, sie werden dann für einen Augenblick vom Wert und von der Unwiederbringlichkeit jedes Lebens und jeder Jugend überzeugt, an denen sie sich sonst so häufig sorglos versündigen.* (S. 85)

Hans Giebenraths eigenes Schicksal ist hier vorweggenommen, doch wird er nicht verunglücken, sondern sich selbst in einem Fluß ertränken. Auch schon die Geschichte der Emma Geßler, die in eine Pension geschickt wird und deren Aussehen Hans bereits vergessen hat (vgl. S. 26), kann als Hinweis auf sein eigenes Schicksal gelten; auch er wird bald aus dem Gedächtnis seiner Mitmenschen gelöscht sein.

Daß der Autor als Erzähler spricht, daran läßt Hesse keinen Zweifel, obwohl die anfängliche Ironie gelegentlich einem beinahe sentimentalen Ton weicht, der sich nur schwer in die Selbstdarstellung als ironischer Erzähler fügt. Diese Ironie wird besonders deutlich, wenn Hesse scharfe Kritik an dem bestehenden Schulsystem übt: »Ein Schulmeister hat lieber einige Esel als ein Genie in seiner Klasse, und genau betrachtet hat er ja recht, denn seine Aufgabe ist es nicht, extravagante Geister heranzubilden, sondern gute Lateiner, Rechner und Biedermänner« (S. 90). Zu entscheiden, wer »Tyrann« und wer »Quälgeist« (ebd.) ist, ist nicht Aufgabe des Erzählers (»unsere Sache«, ebd.), die »wirklich Genialen« würden ohnehin »der Schule zu Trotz ihre guten Werke schaffen« (ebd.). Hesse greift eine fundamentale Kritik am Schul- und Bildungssystem der Moderne auf, wie sie Rilke kurz zuvor schon und wie sie Montaigne bereits zu Beginn der Neuzeit formuliert hatten. Mit dem Thema Schule in der Literatur ist stets das Thema Bildungs- und Kulturkritik verbunden. Das zeichnet diese Art von Schultexten vor der ausschließlichen Memoiren- und Humoreskenliteratur aus.

Der Aspekt der Kasernierung im Internat zeigt sich auch in der Wahl des Titels, mit dem der junge Heilner seine Gedichte versieht. *Lieder eines Mönches* (vgl. S. 79) nennt er sein Schreibheft, und nicht *De natura hominum*, wie es bei Musils Törleß heißen wird. Diese Mönchsgesänge sind auch Produkt jener »aufgezwungene[n] Vereinsamung« (S. 88), unter der Heilner als Folge seiner Bestrafung auch nach den Ferien zu leiden hat. Der kommunikationsbedürftige Heilner ist in der Gruppe isoliert, die Möglichkeit der Bewältigung seiner Lage durch Rede und Gespräch ist ihm benommen, es bleibt ihm nur die Schrift. Seine Gedichte werden zunehmend aggressiver, sie handeln – und dies erfährt man nur indirekt aus der Beschreibung durch den Autor – vom Kloster, von den Lehrern und Mitschülern und sind im Ton gehässig und bitter (vgl. S. 88). Mitten in der Gruppe muß er ein Singledasein führen. Hans versucht, die alte Freundschaft wieder aufzunehmen, er bekennt sich nun öffentlich zu Heilner und erfährt damit die Ächtung durch die Restgruppe und durch die Lehrer. Der Roman hat seinen dramaturgischen Wendepunkt erreicht, von nun an wird die Entwicklung Giebenraths stagnieren. Erste Ermahnungen des Ephorus, nur nicht mit dem Lernen nachzulassen, sonst komme man »unters Rad« (S. 93), signalisieren dem Leser durch den Bezug auf den Buchtitel, daß genau diese Entwicklung nun einsetzt. Hans Giebenrath ist dabei, unters Rad zu kommen. Drohend warnt der Ephorus Hans davor, weiter Umgang mit Heilner zu pflegen. Giebenraths weitere schulische Entwicklung vollzieht sich rapide. Im Unterricht wird er unaufmerksam, er reagiert nicht mehr, wenn Lehrer ihn ansprechen, er verliert den Spaß an seinen Lieblingsfächern. Der Oberamtsarzt bescheinigt schließlich »kleine Nervengeschichten« (S. 100), ein Befund, mit dem der Autor auf ironische Weise die Hysterisierung der Frau in Gesellschaft und Wissenschaft um 1900 umkehrt. Nun geht es um die Hysterisierung des Knaben. So wird auch die ärztliche Diagnose am Ende des Internatsaufenthalts lauten: nervöser Schwächezustand, Weinkrampf, Veitstanz (vgl. S. 109 f.). Am Ende dieses Kapitels wird der Ausreißer Heilner von der Schule verwiesen, und Giebenrath gehört nun endgültig auch zu den »Aussätzigen« (S. 107).

Im fünften Kapitel erfolgt der völlige Zusammenbruch des Hans Giebenrath. Keiner sieht seine »untergehende Seele leiden und im Ertrinken angstvoll und verzweifelnd um sich blicken« (S. 109). Zuerst ertrinkt die Seele, dann der Körper des Knaben Hans Giebenrath. Wie Meyers leidender Knabe hat auch er den Leistungsdruck so verinnerlicht, daß er körperlich und seelisch daran zugrunde geht. Dies kündigte sich bereits durch seine Kopfschmerzen an, die schon während seiner Vorbereitungszeit auf das Landexamen auftraten und dann in den Weihnachtsferien wieder auftauchten (vgl. S. 82). Die Entfremdung und die seelische Isolation im Internat verstärken die Verkörperlichung seines seelischen Leids: der psychische Schmerz, den Anforderungen nicht mehr gewachsen zu sein, verkörperlicht sich und leitet die Selbstzerstörung ein. Hans wird vorzeitig vor den Sommerferien zu einem Erholungsurlaub nach Hause geschickt. Er verläßt das Internat und die Schule und kehrt zu seinem Vater zurück. Doch gerade der Ort seiner möglichen Genesung ist der Ursprung seiner Pein, so bleibt schließlich eine Heilung ausgeschlossen. Das Buch endet, nachdem Hans auch die Rolle des Lehrlings mißglückt war, mit seinem Selbstmord. Hans Giebenrath hat den Erwartungen und dem ungeheuren Leistungsdruck nicht standgehalten, er ist individuell gescheitert und hat in den Augen seiner Mitmenschen sozial versagt. Leistungsdruck, Versagensangst und ein unmenschliches Lern- und Schulsystem am öffentlichen Gymnasium wie im evangelischen Internat haben aus dem einstmals fröhlichen Jungen einen Selbstmörder gemacht. Hesse greift diese von keinem kontrollierten und von allen gewollten Mechanismen der gesellschaftlichen und schulischen Macht unbeirrt an. Wie auch in Meyers *Leiden eines Knaben* ist es kein Zufall, daß Hans als Halbwaise aufwächst. Seine Vaterfixierung überträgt er von der familialen Konstellation auf das System Schule – obgleich alle Seminaristen unter Abschieds- und Trennungsangst leiden (vgl. S. 56) –, wo Rektor, Ephorus, Lehrer und Stadtpfarrer Vaterpositionen besetzen und mit der Autorität des Vaterworts sprechen. Die einzige Möglichkeit für Hans, Zuneigung und Aufmerksamkeit zumindest in einer Schwundform zu erhalten, besteht darin, der beste Schüler zu sein. Leistung regelt den Verkehr der Gefühle. Dies ist der Punkt, wo Hesses Schul- und Internatstext sich zur Perspektive einer grundsätzlichen Kritik an der Moderne öffnet. Dieser ›Gefühlskapitalismus‹ ist ein ähnlich modernes Phänomen, wie jener ›Gesinnungsmilitarismus‹, der in anderem Zusammenhang in den Schultexten des frühen 20. Jahrhunderts eine zentrale Rolle spielt. Es wäre an der Zeit, Hesses *Unterm Rad* einmal unter diesem Aspekt zu würdigen.

Robert Musil: Die Verwirrungen des Zöglings Törleß[14]

Der österreichische Autor Robert Musil (1880–1942), vor allem bekannt geworden durch sein Jahrhundertepos *Der Mann ohne Eigenschaften*, veröffentlichte 1906 einen Roman, worin er seine eigene Internatszeit aufarbeitet. Musil nahm mit seinem Buch *Die Verwirrungen des Zöglings Törleß* an dem kleinen literarischen Boom teil, für den die Schul- und Internatsromane und -erzählungen um die Jahrhundertwende sorgten. Die Frage, ob Musil Rilkes Erzählung *Die Turnstunde* gekannt hat, läßt sich nicht eindeutig beantworten.

Es spricht indes einiges dafür, immerhin las Musil den Jahrgang 1902 jener Zeitschrift *Die Zukunft*, worin Rilkes Schulerzählung erschienen war.[15] Musil eröffnet dem Machtdiskurs in den Schultexten das Thema Sexualität. Er weist im *Törleß* nach, daß sich Sexualität und Macht gleicher Strategien bedienen. Im Kontext von Schule und Internat, im Zusammenhang also von Gruppenbildungen über Sexualität zu sprechen, schließt stets die Rede über Macht mit ein. Und umgekehrt, über Macht kann nicht gesprochen werden, ohne über Sexualität zu reden. Christa Winsloe und Christa Reinig werden diesen Aspekt mit spezifisch geschlechterdifferentem Blick konsequent weiter verfolgen.

Gattungsgeschichtlich gesehen stellt der *Törleß* eine Variante des klassischen Entwicklungsromans dar, indem er sich zeitlich auf die Dauer von »wenigen Wochen« (S. 118) und räumlich auf den Sozialisationsort einer Internatsschule beschränkt. Das Primat der elterlichen Erziehungsgewalt ist abgegeben an eine Institution mit einem besonderen politischen und pädagogischen Auftrag, das Militär. Durch diese zeitliche und räumliche Beschränkung gewinnt die psychische Binnenperspektive, die der Roman in den Hauptfiguren entfaltet, erheblich an Bedeutung. Im Mittelpunkt stehen vier Figuren, Beineberg, Reiting, Törleß und Basini. Der Schul- und Entwicklungsstatus eines Zöglings verweist auf die Bedeutung der körperlichen und psychischen Entwicklung eines jungen Menschen. Der Begriff der Verwirrung gibt eine Leseanleitung vor, es geht – wie im *Werther* – um psychische Irritationen mit einem bestimmten Leidensdruck, dessen Ausmaß der Titel noch nicht preisgibt. Eine direkte Textreferenz auf den Titel und dessen Leitbegriff installiert der Autor Musil erst in der Mitte des Textes. Schon hier läßt sich die Beobachtung festhalten, daß der Roman insgesamt strengen Kompositionsregeln gehorcht, retardierende und beschleunigende Episodenerzählungen gehören ebenso dazu wie teils sich dramaturgischen Kriterien annähernde Dialogführungen und dramatische Zuspitzungen.

Auch Musil war, wie Rilke, ein Zögling des Militärinternats in Mährisch-Weißkirchen, dem »A-loch des Teufels«.[16] Die Militär-Realschulen, Musils Konvikt zu W. im *Törleß*, sind das Produkt der ab 1848 durchgeführten Reformprozesse im Militärbildungswesen der k.u.k. Monarchie gewesen. Die ursprünglichen Militär-Erziehungshäuser und Kadetteninstitute waren in Militär-Realschulen umgewandelt und die Lehrpläne reformiert worden. Dennoch stand die Konditionierung der jungen Menschen auf soldatische und bürgerliche Tugenden, die Fixierung auf Gehorsam, Pflichterfüllung und Autoritätsgläubigkeit nach wie vor im Mittelpunkt. Die Lehrer selbst waren durchweg aktive oder gediente Offiziere. Ihre pädagogische Eignung spielte nur eine untergeordnete Rolle.

Der Roman beginnt mit einer Abschiedsszene. Die Schüler Törleß, Beineberg und Reiting begleiten die Eltern von Törleß zum Bahnhof. Die Bahn ist am Ende des 19. Jahrhunderts Symbol für industriellen Fortschritt und gesellschaftlichen Wohlstand. Sie verbindet die Residenzstädte und Metropolen mit der Provinz, wo das Militärinternat liegt. Die Randlage des Internats ist aber nicht nur eine geographische, sondern auch im Hinblick auf den Ausgang des Ersten Weltkriegs eine soziographische. Die gesellschaftliche Bedeutung des Militärs verändert sich nachhaltig. Die Internatsschüler sind adlig, sie werden nach ihrer Schulausbildung gesellschaftliche oder militärische Führungspositionen besetzen.

Der Erzähler Musil hält sich in der Eingangssequenz nicht bei der Beschreibung des Lokalkolorits auf, vielmehr hebt er die Bedeutung der Mutter von Törleß durch den schlichten Wechsel von eigentlichem zu uneigentlichem Schreiben, von der fiktiven Wirklichkeit zur fiktiven Metapher hervor. Die Mutter verbirgt ihren Abschiedsschmerz hinter einem realen »dichten Schleier« (S. 8),[17] während Törleß, der nun bereits seit vier Jahren Internatsschüler ist, die Vorgänge »wie durch einen Schleier« (S. 8) wahrnimmt. Der Verlust der Mutter, der in der Eingangsszene zunächst nur äußerlich ist, erweist sich im weiteren Fortgang des Romans sehr schnell als ein für Törleß gravierendes, leidvolles Erlebnis, da es den Abschied von der sexuell unschuldigen Kindheit bedeutet. Musil deutet das, was als Törleß' Heimweh verstanden werden kann, anfänglich nur an, »in Wirklichkeit war es aber etwas viel Unbestimmteres und Zusammengesetzteres« (S. 9). Musil spielt damit auf den Wechsel der Liebesobjekte bei Törleß an. Waren es zunächst die Eltern, denen seine Liebessehnsucht gegolten hatte, so werden sie nun mehr und mehr durch andere Liebesobjekte ersetzt. Diese Substitution des begehrten Gegenstands dient dem Roman als Leitmotiv, es taucht nicht erst in der späteren Basini-Episode auf, sondern ist von Beginn an vorhanden.

Die Bedeutung dieser Substitution läßt sich auch daran ablesen, daß der Autor, der sich bereits als auktorialer Erzähler eingeführt hat, unmittelbar danach (vgl. S. 9) die Erzählperspektive für einen kurzen Moment wechselt und nun in der Ich-Form schreibt. Dies ist auch die einzige Stelle im Roman, an der Musil die Ich-Form wählt, was die Bedeutung des Perspektivenwechsels zusätzlich unterstreicht: »Ich meine diese gewisse plastische, nicht bloß gedächtnismäßige, sondern körperliche Erinnerung an eine geliebte Person« (ebd.). In einer Rückblende, die in die Abschiedsszene eingeschoben wird, erklärt der Autor in wenigen Sätzen die jüngste Entwicklung des Schülers Törleß. Die Ignoranz der Eltern, ihre Unsicherheit und Ratlosigkeit gegenüber dem pubertierenden Sohn, macht diesem erstmals deutlich, daß er mit bestimmten Erlebnissen und Erkenntnissen alleine zu Rande kommen muß. Die Eltern jedenfalls erkennen nicht »das Symptom einer bestimmten seelischen Entwicklung« (S. 10), es ist die »beginnende Geschlechtsreife« (S. 12), die zu einer Loslösung von Vaterautorität und Mutterliebe führt.

Kontrastierend zu den Schienen der Bahn, die in die Weite der Welt draußen hinausführen, wird nun die »Enge des Institutes« (S. 16), die räumliche Begrenztheit und psychische Einengung des Internats kurz angedeutet. Neben das Thema der jugendlichen Sexualität, worin ein wesentliches Moment der Beschreibung von Törleß' Entwicklung zu sehen ist, tritt das Thema der Schulkritik. Das Läuten der Schulglocke bedeutet den Hinweis des Erzählers darauf, daß es sich bei diesem Militärinternat gleichsam um ein weltliches Kloster handelt, mönchisch und kaserniert leben die Knaben dort, als die weltlichen Novizen einer Herrschaftsgemeinschaft. Doch der Weg in die Internatsisolation führt durch das kleine Städtchen. Der Erzähler geht mit Törleß an den Häusern und Hütten vorbei und schildert die Eindrücke, die Törleß empfängt. Der Schüler beobachtet die Arbeiter- und Bauernfrauen, sieht ihre nackten Arme, sieht, wie sie sich gegen die sexuellen Belästigungen der Schüler wehren. Wegen »Schüchternheit in geschlechtlichen Sachen« (S. 17) beteiligt sich Törleß an diesem Herrschaftsgebaren nicht, das in der unstandesgemäßen Frau nur sexuelle Verfügbarkeit erkennt. Statt dessen wird ihm sein Begehren nach dem anderen und noch nicht Gekannten mehr und mehr bewußt, doch gelingt es ihm nicht, es in Worte zu fassen. In diesem Motiv der Sprach- und Wortlosigkeit führt Musil einen inhaltlichen Aspekt seines Internatsromans mit einem erzählerisch-darstellerischen Problem zusammen. Die im Unterricht gelernte und durch die Schule vermittelte Sprache der Rationalität erweist sich als untauglich bei Törleß' Versuch, Sexualität in Worte zu fassen. Denn das Begehren ist sprachlos. An dieser unüberbrückbaren Diskrepanz zwischen Begehren und Sprache wird Törleß schließlich scheitern. Zugleich wird darin aber auch ein grundsätzliches erzählerisches Problem erkennbar, das Musil durchaus bewußt ist und das man in der Frage bündeln kann: Wie soll es gelingen, als Erzähler etwas zu beschreiben, was der Figur nicht beschreibbar erscheint, ohne das Schwebende daran, die nicht festgelegte Bedeutung aufzugeben und sich in die Rolle des allwissenden Erzählers zu flüchten? Wie läßt sich etwas in Worte fassen, was eigentlich keine Sprache hat? Das Besondere an Musils Beschreibungsform von Sexualität liegt darin, daß er diese nicht einfach figuriert oder den Figuren Worte in den Mund legt. Vielmehr zwingt ihn die Wortlosigkeit der Hauptfigur Törleß dazu, das Gespräch über Sexualität anstelle seiner Figuren selbst zu führen. Damit wahrt er als Erzähler die Möglichkeit zur Distanz wie zur Korrektur, zur ironischen Brechung ebenso wie zur Ungenauigkeit und Bildlichkeit von Figurenphantasien. Der Versuch von Törleß, später vor dem Lehrerkollegium seine Verteidigung selbst zu übernehmen, zeigt die Schwierigkeit und Ausweglosigkeit dieses Unterfangens. Der Autor ist also von Beginn an der verschworene Mitwisser von Törleß' ›Verwirrungen‹.

Beineberg, mit dem Törleß eine Konditorei aufsucht, wird als ein Schüler mit sicherem Herrschaftsinstinkt und verschrobenem Spiritualismus geschildert. Für Beineberg bedeutet die Auskunft über die psychische Befindlichkeit einer Person die Möglichkeit zu deren Manipulation. Törleß stellt beim Gespräch mit Beineberg fest, daß sich unvermutet wieder »etwas Geschlechtliches« (S. 21) zwischen seine Gedanken drängt. Galt zuvor dieses Begehren der Mutter und deren Ersatz durch ein noch nicht genauer konturiertes Bild, so bekommt jetzt sein Begehren eine unzweideutig homosexuelle Ausrichtung. Doch noch reagiert Törleß darauf mit Abscheu, Ekel und Widerwillen. Die Angst vor der bevorstehenden Beengtheit des Internats und der Schmerz über den durch den Abschied neu vollzogenen Verlust der familialen Sicherheit, äußern sich bei Törleß nun körperlich, er beginnt zu frieren, innerlich zu erkalten und zu erstarren. Musil verbindet die Schilderung dieser Gefühlssituation sogleich mit der elementaren Erkenntnis des Schülers, daß er einsam ist. Damit sichert Musil auch seinem Schultext die Themen der emotionalen Kälte des Internats und der zunehmenden Vereinsamung des Schülers innerhalb einer Gruppe, wie sie auch bei den anderen Schul- und Internatstexten im Mittelpunkt stehen. Doch werden Einsamkeit und auch Langeweile als Ergebnis der Kasernierung vom Autor nicht nur als Motive der zeitgenössischen Literatur des Fin-de-siècle aufgenommen und variiert. Vielmehr überführt Musil Törleß' Einsamkeit sogleich in eine Sehnsucht. Für Törleß erscheint die Einsamkeit als Folge des Verlusts der Mutter nun als figurierte Frau, die aber noch gesichtslos ist. Diese Figurierung ist weit mehr als ein Tagtraum. Indem Musil gezielt Metaphern der Herrschaftssprache wählt, verschränkt er die Themen Sexualität und Macht. Die Einsamkeit wird personalisiert als »Herrin […] der schwarzen Scharen« (S. 24), welche die Schatten der Dunkelheit darstellen und »wie schwarze Eunuchen« (S. 25) bedrohlich auf Törleß wirken. In der Bedrohung durch die Dunkelheit wird die Sexualität selbst als bedrohlich erfahren. Dem Erzähler Musil gelingt es mit dieser Form des personalisierten Begehrens, eine Sprache für dieses zu finden und zugleich Einsamkeit dem um die Jahrhundertwende abgegriffenen Inventar der Topoi von Naturschilderungen zu entreißen.

An Musils Figurierung der Einsamkeit als begehrter Frau schließt sich folgerichtig die Schilderung des Besuchs der Schüler Beineberg und Törleß bei der Prostituierten Božena an. Musils Božena – was so viel wie Gottesfrau heißt – ist für die Deutung des Romans insofern zentral, als sie die weibliche Kontrastfigur zur Mutter darstellt. Erzähltechnisch verbindet Musil beide Figuren dadurch, daß er an ihnen die Bedeutung ihres spezifischen Geruches für Törleß herausstellt. Božena ist von bäuerlicher Herkunft, an ihrem Wesen haftet ein »Kuhstallduft[e]« (S. 28), während ihre Freier ihr Parfum schätzen. Dem soziologischen Herkunftsgeruch Boženas steht die feine Welt der Hofrätin Törleß gegenüber. Božena, selbst am unteren Ende der sozialen Leiter, gewinnt mit ihrer Sexualität Macht über die adligen Zöglinge, sie kommen förmlich zu ihr »gekrochen« (S. 29). Gegenüber Božena setzt Törleß seine Unterwerfungsphantasien frei, er genießt das »Heraustreten aus seiner bevorzugten Stellung unter die gemeinen Leute; unter sie, – tiefer als sie!« (S.30). Törleß phantasiert jene Erniedrigung, die Basini später als reale Unterdrückung durch die Mitschüler erfährt. Sexualität in ihrer käuflichen Form erweist sich für die beiden Schüler als Möglichkeit, gesellschaftliche Machtverhältnisse umzukehren, Törleß empfindet dies gar als »Kultus der Selbstaufopferung« (S.30). Das Gesicht der ›Herrin Einsamkeit‹ beginnt sich nun allmählich zu konturieren. Nach dem Verlust der Mutter besetzt Božena zunächst das Bild von Törleß' unbestimmter Sehnsucht, sie drängt sich förmlich in dessen Vorstellungswelt an die Bedeutung seiner Mutter heran (vgl. S.33). Musil läßt von Beginn an keinen Zweifel daran aufkommen, daß es in seinem Roman auch oder vor allem um das Problem jugendlicher Sexualität geht. Dies zeigt schon der Umfang, mit dem er das Thema Sexualität am Leitfaden der Törleß-Geschichte in der Eingangssequenz des Romans einführt. Fast ein Viertel des Gesamtumfangs machen die Abschiedsszene, die Konditoreiszene und die Schilderung des Božena-Besuchs aus. Da das Motiv der Sprachlosigkeit in das Thema Sexualität eingeschrieben ist, endet auch die Božena-Geschichte damit, daß Törleß völlig unfähig ist, ein Wort zu sagen. Törleß ist sprachunfähig, als die begehrte Frau ihn berührt und ihn zu einer sexuell konnotierten Handlung, einem Kuß, nötigt (vgl. S.36). Törleß antwortet mit Sprachlosigkeit auf das Begehren, weibliches Begehren macht ihn sprachlos. Diese Sprachlosigkeit bleibt bis zum Schluß des Romans erhalten, wo es in einem etwas kitschigen Vergleich heißt: »Er konnte nicht viel davon erklären. Aber diese Wortlosigkeit fühlte sich köstlich an, wie die Gewißheit des befruchteten Leibes« (S.140). Sexualität erweist sich für den Schüler als das völlig andere der schulischen Sprachapparaturen und Worttechniken. Törleß erfährt beizeiten, daß Macht auch wortlos funktioniert und sprachlos macht, und Sexualität das Feld der Inszenierung von Macht und Ohnmacht ist. Was in der Welt der schulischen Vernunft sich wortgewaltig gebärdet, erweist sich in der Welt der ungeschulten Vernunft jugendlicher Sexualität als kläglich sprachlos.

Mit der Nachricht, daß der diebische Mitschüler endlich entdeckt sei, wird gewissermaßen der zweite Akt des Romans eröffnet, der insgesamt sehr dramaturgisch aufgebaut ist. Die Törleß-Geschichte wird nun mit der Basini-Geschichte zusammengeführt (vgl. S.36ff.). Diese Verschränkung gibt dem Erzähler – neben den Vorteilen einer kontinuierlichen Handlungsführung – die Möglichkeit, die Dominanz des Sexualitätsthemas zunächst zurückzunehmen und das zweite zentrale Thema ›Macht und Herrschaft‹ zu entfalten. In einer geheimen, roten Kammer wird Törleß über die Vorkommnisse unterrichtet. Die Machtbalance innerhalb des Herrschertriumvirats der Schüler Reiting, Beineberg und Törleß ist keineswegs stabil. Doch Törleß gehört vom Beginn bis zu seinem Weggang aus dem Internat mit zu dieser Herrschaftstriade. Immerhin verweigert er ja auch eine frühzeitige Rettung Basinis. Er ist also Repräsentant des von Musil beschriebenen Herrschaftstypus. Reiting gebärdet sich als »Tyrann« (S. 40) und versucht diese Rolle auch im Hinblick auf ihre spätere gesellschaftliche Übertragungsmöglichkeit zu studieren. Basini wiederum ist das Opfer, er hat Beineberg etwas Geld gestohlen – darin liegt das eigentliche Vergehen – und soll dafür von den drei Mitschülern exemplarisch bestraft werden. Die Richter sind zugleich die Henker. Musil karikiert hier in historischer Vorwegnahme den Verfall demokratischer Gewaltenteilung. Reiting, Beineberg und Törleß sind erstens diejenigen, die für die Binnenstruktur der Schülergruppe den Sittenkodex erstellen; sie sind zweitens diejenigen, die willkürlich Recht sprechen und sie sind drittens diejenigen, die selbst die Bestrafung ausführen und die Exekutivgewalt monopolisieren.

Während Reiting ausführlich erzählt, empfindet Törleß einen eigenartigen Gefühlszustand. Der Erzähler weist dieses Gefühl sofort als sexuelle Phantasie aus und knotet mit seinem Erzählereingriff die Themen Herrschaft und Sexualität zusammen. Für Törleß hat dieser Zustand diffus mit Božena zu tun (vgl. S. 46). Aufgefordert, zu sprechen, vermag er nur zu sagen, daß Basini ein Dieb ist. Daß er ihn allerdings als Magd und nicht als Knecht bezeichnet (vgl. S. 47), ist aufschlußreich. Darin verschafft sich die allmähliche und erfolgreiche Verschiebung seines Begehrens Gehör, das bislang noch auf Božena als alleiniger Repräsentantin weiblicher Sexualität gerichtet war und nun einem gleichgeschlechtlichen Liebesobjekt gilt und die späteren homosexuellen Handlungen vorbereitet. Die Mitschüler Beineberg und Reiting mißbrauchen Basini schon länger, Törleß ist von den dreien der letzte, der sich an diesem Mißbrauch beteiligt. Während Beineberg aber von einem ideologisch verbrämten Sadismus geleitet wird, entwickelt sich bei Törleß der Zusammenhang von Lust und Qual, Macht und Begehren erst allmählich. Für ihn ist in seinem Mitschüler Basini das Wirklichkeit geworden, was ihm bislang nur sehr unbestimmt als seine Tagträume und als Phantasien begegnet war. Božena aber ist ihm nun »gleichgültig geworden« (S. 61). Musil nennt in einer Tagebuchnotiz von 1937 Beineberg und Reiting »die heutigen Diktatoren in nucleo«[18] und hebt damit den faschistoiden Charakter ihrer sadistischen Handlungen hervor. Musil macht auf diese Weise eine Lesart seines Romans im Nachhinein geltend: Der Faschismus entsteht nicht aus dem Nichts, sondern wird langfristig über Regelsysteme eingeübt, die mitten in Schule und Gesellschaft ihren Ort haben können. Die Kasernierung im und durch das Internat zeigt, daß die Entwicklung, die vom jugendlichen Staatskult der roten Kammer zum tyrannischen Kultstaat historischer Wirklichkeit verläuft, nicht nur eine binnenliterarische ist. Es wurde zwar zu Recht betont, daß der Terror der Schüler in Musils Roman nicht von den Lehrern dieses Internats ausgehe, sondern sich die Schüler untereinander selbst terrorisierten.[19] Doch sollte dabei bedacht werden, daß die Schüler lediglich Verhaltensweisen und Bewußtseinsformen der Erwachsenen, ihrer Lehrer und Eltern, reproduzieren.

Ziemlich exakt in der Mitte des Romans führt Musil eine entscheidende retardierende Episode ein. Törleß versucht, mit den Mitteln der Vernunft sich Aufklärung über seinen Zustand und über die von diesem ausgehenden Irritationen, seine Verwirrungen, zu verschaffen. Diese Episode mit dem anonymen Mathematiklehrer (wie überhaupt die Lehrer im Gegensatz zu den Schülern namenlos bleiben) ist der Versuch, mit den Mitteln der ›geschulten Vernunft‹ das zur Sprache zu bringen, was sich nicht versprachlichen läßt. Dahinter verbirgt sich natürlich auch der grundsätzliche Widerspruch von Rationalität und Sexualität, Vernunft und Begehren. Dies wird bereits in Musils subtiler Beschreibung der Wohnung und der Lebenssituation des Mathematiklehrers deutlich. Törleß muß zur Wohnung des Lehrers eine »Treppe« (S. 75) hinaufsteigen – auch in das Zimmer der Prostituierten Božena gelangte er nur über eine »Stiege« (S. 28). Die Begriffe Treppe und Stiege reflektieren aber nicht nur die unterschiedliche soziale Stellung eines Lehrers und einer Prostituierten. Vielmehr drückt sich darin auf einer symbolischen Ebene des Textes auch aus, daß für Törleß die beiden Formen neuer Erlebnisse und neuer Erkenntnisse, nämlich Rationalität und Sexualität, nicht direkt ohne Mühen erreichbar sind. Zudem vermag der Zugang über eine Treppe oder Stiege auch einen möglichen Erkenntnisfortschritt des Schülers Törleß anzudeuten. Und schließlich wird in der Gleichstellung beider Erfahrungs- und Erkenntnisbereiche durch den Erzähler die Aufklärungskraft der Vernunft, welche sich Törleß zumindest von seinem Besuch beim Mathematiklehrer erhofft, in das Sexualitätsthema eingeschrieben. Über den Lehrer heißt es, er lebe wie in einem »Konkubinat mit der Mathematik« (S. 75), also wie in einer Liebesgemeinschaft mit einer Vernunftwissenschaft. Erst am Ende wird Törleß begreifen, daß das, wonach er suchte, das Begehren, nur wenig mit Vernunft zu tun hatte (vgl. S. 139) und das, was ihm als vernünftiges Verhalten durch Eltern, Schule und Unterricht abverlangt worden war, stets nur instrumentelle Vernunft meinte.

Gegenüber dem Mathematiklehrer macht Törleß wieder die Erfahrung der Sprachlosigkeit. Der Schluß liegt nahe, daß sich Begehren und Vernunft beide gleichermaßen der Arbeit am Begriff zu entziehen scheinen. Musil bricht ironisch die Vernunft des Lehrers und entlarvt sie als scheinbare Vernünftigkeit. Die von Törleß »gewünschte Aufklärung« (S. 76) wird unter einem Wortschwall begraben (vgl. S. 77). Auch von der Selbstaufklärung durch die Lektüre einer bildungsbürgerlich aufbereiteten Kant-Auswahl rät der Lehrer Törleß ab. Dies aus gutem Grund, ist es doch Kant, der mit seiner Losung ›sapere aude!‹ die emanzipative Selbstaufklärung nachgerade verlangte.[20] Das Resultat dieser Unterhaltung mit dem Lehrer ist für Törleß mehr als enttäuschend, geradezu ein Desaster. Er verbrennt alle seine bisherigen poetischen Arbeiten. Auch der poetische Diskurs hat sich für Törleß als untauglich bei dem Versuch erwiesen, dem Begehren eine Sprache zu verleihen. Törleß träumt nächtens sogar von Kant, doch wieder ist es der Autor Musil – und nicht seine Romanfigur –, der die unmittelbare Deutung liefert. Der Traum wird mit einem luxuriösen erotischen Stoff, einer Decke aus Seide verglichen, »die über die Haut eines nackten Körpers hinuntergleitet, ohne ein Ende zu nehmen« (S. 85). Das Verschwinden der Vernunft entkleidet den Körper seines Schutzes, zugleich ist Vernunft Bekleidung, attributiv und nicht wesentlich. Unter der Vernunft liegt das Begehren, und der Traum wie auch die Phantasie sind

Möglichkeiten, sich dem Schutz der Vernunft wie der Bervormundung durch sie zu entziehen. Musil bietet an den Gelenkstellen seines Textes häufig sexualmetaphorische oder direkte sexuelle Vergleiche. So taucht auch die Deckenmetapher wenig später wieder auf, um die körperliche Anziehung, die Basini auf Törleß ausübt, zu beschreiben; es sei, »wie wenn man in der Nähe eines Weibes schläft, von dem man jeden Augenblick die Decke wegziehen kann« (S. 93). Die Schule und mit ihr die Lehrer haben für dieses brennende Problem des Jugendlichen kein Verständnis. Lehrer und Schüler kommunizieren aneinander vorbei, sobald das sichere Feld der Unterrichtsthemen verlassen wird. In Hans Falladas *Der junge Goedeschal* von 1920 wird die Hauptfigur Kai Goedeschal empört ausrufen: »Es ist und bleibt eine Schweinerei, daß es immer nur heißt: Lehrer – Schüler, nie: Mensch – Mensch.«[21] Weshalb eigentlich nicht?

Statt also seine poetischen Versuche weiterzuführen, versucht Törleß, sich in einem wissenschaftlichen Diskurs Klarheit über Vernunft, Macht und Begehren zu verschaffen. Er legt ein Heft mit dem anspruchsvollen Titel *De natura hominum* an, doch kommt er über einige Eintragungen nicht hinaus. Am Ende dieser Überlegungen steht aber eine elementare Einsicht, die durchaus als Umschlagpunkt des Romans gelesen werden kann. Geradezu körperlich wird Törleß von folgenden Fragen getroffen: »Sind auch die Erwachsenen so? Ist die Welt so? Ist es ein allgemeines Gesetz, daß etwas in uns ist, das stärker, größer, schöner, leidenschaftlicher, dunkler ist als wir?« (S. 92). Törleß vermag diese Frage jetzt zu bejahen. Demzufolge ist die Liebesszene zwischen den beiden Schülern Törleß und Basini nur schlüssig. Als Objekt seines sexuellen Verlangens dient Törleß nun der Knabenkörper seines Mitschülers Basini. Als Basini nackt vor ihm steht, erfährt er erstmals unmittelbar körperliche Schönheit. Ästhetisches Erleben und sexuelles Verlangen sind für ihn nun eins. Nicht mehr die Schüler Beineberg und Reiting üben Macht aus über ihren Mitschüler, sondern das Begehren hat Macht über den nackten Körper. Der Prozeß der Identität von Macht und Sexualität ist vollendet. Törleß zwingt Basini, das zu tun, wozu er selbst nicht in der Lage ist, nämlich Worte zu finden und zu erzählen. Was er selbst nicht vermag, verlangt er vom anderen, die Versprachlichung des Begehrens, die Überwindung der Wortlosigkeit. In der Pose des Befehlshabers fordert er von ihm: »Du mußt mir alles erzählen!« (S. 99). Das Wissen über die sexuellen Handlungen der anderen bedeutet für ihn, Macht zu haben über deren Sexualität. Törleß begreift nun versprachlichte Sexualität als Herrschaftsform, das Wissen bedingt Macht. Es ist aber nicht jenes Schulwissen, das ihm der Mathematiklehrer im unbefriedigenden Gespräch nahegelegt hatte. Törleß' Begehren hat also einen mehrfachen Objektwechsel vollzogen. Anfänglich galt es der Mutter, wurde von ihr auf Božena gelenkt und schließlich auf Basini, und Musil läßt offen, ob diese Entwicklung auf einen festen und endgültigen Punkt zuläuft. Für ihn ist nicht das Endziel wichtig, sondern die psychische Entwicklung, die der junge Törleß in dieser kurzen Zeit unter den Bedingungen von Schule und Internat erfährt.

Geradezu ins Groteske verzerrt Musil Törleß' Suche nach dem anderen in der letzten Szene des Romans. Törleß muß sich vor dem Lehrerkollegium für sein Verschwinden aus dem Internat rechtfertigen und sich zu dem Fall Basini äußern. Während der Religionslehrer ein theologisches Bedürfnis bei Törleß ausmacht, konstatiert der Mathematiklehrer eine »ungeschulte[n] Vernunft« (S. 135) und »Anlage zum Hysteriker« (S. 138),[22] und der Direktor empfiehlt den Wechsel von einer öffentlichen Schule in »Privaterziehung« (ebd.). Die Verteidigung des Schülers fällt recht zweifelhaft aus. Er flüchtet sich in eine Abstraktion, der die Rückbindung an seine Erfahrungen zu fehlen scheint. Die Erkenntnis, daß alles geschieht, wie es geschieht (vgl. S. 125) und daß die Dinge die Dinge sind und es auch immer bleiben werden (vgl. S. 138), ist das Eingeständnis der Unmöglichkeit von Veränderungen. Insofern bietet der Roman auch keinerlei Ansatzpunkt einer utopischen Lösung, er verweigert sich sogar einer solchen Deutung. Eher personifiziert die Figur des Törleß die niedere aristokratische Gesellschaftsschicht im Vorkriegsösterreich, sie zeigt die Ausrichtung eines jungen Menschen auf eine dekadente Lebensführung und führt deren Empfänglichkeit für faschistoide Prägungen vor. Das Thema des sexuellen Begehrens erscheint in der Apologie des jungen Törleß nur noch als Erkenntnisproblem. Törleß ist auf der Suche nach Worten zum Mitläufer, ja zum Mittäter geworden. Nicht nur Beineberg und Reiting sind Täter, auch und gerade Törleß gehört mit seinem Verhalten gegenüber Basini in die Tätergesellschaft. Wenn Schule Vorbereitung auf das spätere Leben bedeuten soll, dann ist diese jugendliche Schultätergesellschaft durchaus als Einübung in spätere, fragwürdige politische und gesellschaftliche Verantwortung zu verstehen. Törleß lernt Vernunft nur als instrumentelle Vernunft, Begehren nur als instrumentelles Begehren kennen. Die Sprache der geschulten Vernunft bändigt das Begehren in der Ordnung des rationalen Sprechens, während die Sprache der ungeschulten Vernunft das Begehren nicht zu versprachlichen vermag. Am Ende des Romans heißt es lakonisch: »Eine Entwicklung war abgeschlossen, die Seele hatte einen neuen Jahresring angesetzt wie ein junger Baum, dieses noch wortlose, überwältigende Gefühl entschuldigte alles, was geschehen war« (S. 131).

Keiner der Autoren und Autorinnen von Schul- und Internatstexten hat mit solch feinfühliger psychologischer Differenzierungsfähigkeit die subtilen Übergänge zwischen Wissen, Macht und Begehren beschrieben wie Musil. Das hatte ihm schon zu Lebzeiten den Vorwurf eines psychologisierenden Dichters oder eines wissenschaftlich schreibenden Literaten eingebracht.[23] Jakob Scheffner monierte in seiner Rezension des *Törleß* von 1911 in der *Neuen Rundschau*, die Welt der Schüler und die Probleme der Sechzehnjährigen seien unmaßgebliche Fragen für die Dichtung.[24] Er beklagt, daß Musil seinen poetischen Bericht durch kapitellange abstrakte Psychoanalysen unterbrochen habe, »Gedanken-Gespensterwesen« seien dies, die an »gewisse Stimmungen der Masturbation«[25] erinnerten. Ist der *Törleß* wirklich nur eine »heikle und gequält perverse Geschichte«, wie ein anderer zeitgenössischer Rezensent urteilte?[26] Heute ist man von solchen Verurteilungen weit entfernt. Denn mit Musils *Törleß* beginnt die Sexualisierung des Machtdiskurses in den Schultexten. Das läßt sich im literaturgeschichtlichen Rückblick auf die Schul- und Internatstexte mit Fug und Recht behaupten. Seit Musils Roman kann kein Autor mehr über Schule und Internat schreiben, ohne die besonderen Probleme des Zusammenhangs von Wissen, Macht und Sexualität, die als die zentralen Lebensthemen der Schüler und Schülerinnen erkannt wurden, zu entfalten. Musil hat hier Maßstäbe gesetzt, an denen sich bis heute Autoren und Autorinnen abarbeiten.

Der Untertitel von Robert Walsers (1878–1956) Roman *Jakob von Gunten* lautet *Ein Tagebuch*. Walser wählt damit eine Gattungsbezeichnung, die offen läßt, ob es sich um einen dokumentarischen Bericht oder um ein fiktives Tagebuch des Ich-Erzählers Jakob von Gunten handelt. Jakobs Tagebuch kann – in einen größeren thematischen Rahmen gestellt – durchaus auch als fiktive Fortsetzung des Tagebuchs von Musils Törleß gelesen werden. *De natura hominum* hatte das geheißen, über die Natur des Menschen sollte es handeln, doch Törleß hatte dieses Schreibprojekt wieder aufgegeben. Ein hochphilosophischer Titel zwar, doch im *Jakob von Gunten* wird dieser Anspruch politisch gewendet, es geht dort um die Natur des machtlosen jungen Menschen in der modernen Lebenswelt. Veranschaulicht wird diese Thematik vom Autor am Schüler Jakob von Gunten und dem Internat und Erziehungsinstitut Benjamenta. Bei Walser werden Törleß' Reflexionen genau ins Gegenteil verkehrt. Seiner Romanfigur Jakob von Gunten geht es um die prinzipielle Unnatur, die menschliche ebenso wie die kulturelle, die pädagogische wie die entwicklungspsychologische, es geht um den völligen Stillstand.

Die Schüler haben kaum etwas zu tun, Aufgaben bekommen sie selten. Sie tragen Uniformen, und die Uniformierung gewährleistet, daß sie aussehen und sich so fühlen wie »unfreie Leute« (S. 8)[27]. Der Unterricht besteht, obgleich auch andere Fächer unterrichtet werden, aus einer einzigen Stunde, die sich ständig wiederholt und um die Frage kreist: »›Wie hat sich der Knabe zu benehmen?‹« (S. 9). Als pädagogische Lektüre wird gleich zum Eintritt das vom Schulleiter Benjamenta verfaßte Buch »Was bezweckt Benjamenta's Knabenschule?« gereicht. Jeder Schüler hat es, und im Unterricht wird daraus vorgelesen, oder die Schüler beschäftigen sich in Stillarbeit damit. Die Lehrer schlafen, sind tot oder scheintot – so drastisch drückt es Jakob aus, als Erzieher sind sie schlicht überflüssig. Man kann in dieser Schule nichts lernen. Und tatsächlich stellt Jakob, quasi resümierend, fest: »Ich entwickle mich nicht« (S. 144), das ist der Schlüsselsatz des Romans, der gegen Ende hin fällt. Sich nicht zu entwickeln, setzt nach der Romanlesart voraus, sich zuvor klein gemacht und untergeordnet zu haben. Anders gesagt, entwickeln kann sich nur der Mächtige, und Schule verhindert Entwicklung, da sie Macht repräsentiert. Die Schule kann Jakob nur für Schwindel halten, dieses Urteil fällt er schon sehr früh. Die Erziehung, die er erfährt, gleicht einer Dressur (vgl. S. 18). Die Schüler werden abgerichtet, um bestimmte Funktionen zu erfüllen, sie werden zu – wie es später heißen wird – Sklaven erzogen. Selbst die Stellung der Nase und der Ohren, die Körper- und Mundhaltung werden dressiert, »das Dressierteste« (S. 56) ist der Mund, der immer gehorsam und devot erscheinen muß.

Walsers Roman ist aus der Sicht des jungen Jakob von Gunten geschrieben, der auf der Flucht vor seinen Eltern in die Stadt gekommen ist, um in das Erziehungsinstitut Benjamenta einzutreten und sich unterrichten zu lassen. Die Frage, die sich damit von Anfang an stellt, lautet: Was lernt Jakob eigentlich? Bereits der Eingangssatz dieses Schultextes ist an Düsterkeit und Resignation kaum zu überbieten: »Man lernt hier sehr wenig, es fehlt an Lehrkräften, und wir Knaben vom Institut Benjamenta werden es zu nichts bringen, das heißt, wir werden alle etwas sehr Kleines und Untergeordnetes im späteren Leben sein« (S. 7). Die Schüler werden sich durch diese Reduktion innerhalb kurzer Zeit selbst zum Rätsel. Der gesamte Unterricht besteht – dies wird sehr schnell klar – aus der Einübung in »Geduld und Gehorsam« (ebd.), darin erschöpft sich die pädagogische Devise des Knabeninstituts Benjamenta. Die Schüler gehorchen und üben sich in diesem »gedankenlosen Gehorsam« (S. 36). Von dieser Eingangspassage aus entspinnt sich ein Netz von Verweisen und Bezügen, welche die zu lernende Größe oder die bereits erfahrene Kleinheit der Schüler, insbesondere Jakobs, zum Inhalt haben. Geht man diesen Verweisstrukturen nach, dann ergibt sich folgendes Bild: Wenn der Junge sagt: »Ich, ich werde etwas sehr Niedriges und Kleines sein« (S. 43), so ist dies mehr als ein Bekenntnis Jakobs, es bedeutet vielmehr ein Selbsterziehungsprogramm. Jakob weiß, daß der Erziehungsanspruch dieser Schule darin besteht, nichts zu lernen und klein zu bleiben. Ein Schüler, der sich nicht entwickelt, bleibt stets der Schüler. Die Schülerrolle eines jungen Menschen in der Ausbildungs- und Unterrichtssituation wird so gewollt zu seiner sozialen Rolle. Es ist die klassische Untertanenmentalität, die sich hier, modern anverwandelt, wiederfindet. Aus dieser Ungleichheit entsteht Herrschaftswissen, so entstehen kommunikative und soziale Machtverhältnisse, die ein ›erwachsener Schüler‹ des Instituts Benjamenta nicht mehr wird ändern oder beeinflussen können. Bei Jakob ist die Umwandlung von Fremdzwang in Selbstzwang, deren großen europäisch-zivilisatorischen Rahmen der Soziologe Norbert Elias in seiner Theorie vom Prozeß der Zivilisation beschrieben hat, in vollem Gange, und zwar erfolgreich. Dies macht eine spätere Textstelle deutlich. Jakob notiert Gedanken über den Unterricht am Institut in sein Tagebuch: »klein sollen wir sein und wissen sollen wir es, genau wissen, daß wir nichts Großes sind. Das Gesetz, das befiehlt, der Zwang, der nötigt, und die vielen unerbittlichen Vorschriften, die uns die Richtung und den Geschmack angeben: das ist das Große, und nicht wir, wir Eleven.« (S. 64) Zwerge seien die Schüler, arm, abhängig, nur zu Gehorsam verpflichtet. Dieses Klein-sein-sollen und Klein-wissen-sollen wird im Laufe des Romans zum Wollen. Jakob will am Ende nichts anderes mehr sein, als klein, untergeordnet, unterwürfig. Daß Walser mit dieser Thematik auch immer wieder die Sexualperversionen von Sadismus und Masochismus streift, liegt auf der Hand. Doch macht er das so distanziert, daß der Leser oder die Leserin nicht gezwungen sind, dies wahrzunehmen, darin liegt ein entscheidender Unterschied zwischen dem *Jakob von Gunten* und Musils *Törleß*. Die Unerbittlichkeit, mit der Musil den Sadismus der Schüler in seinem Roman vorgestellt hat, fehlt bei Walser. Das mag bedeuten, daß für ihn der Sadismus der Lehrer und der Masochismus der Schüler in erster Linie soziale und kommunikative Regulierungen und Perversionen in der Internatswelt sind. Dies würde zumindest die Perspektive auf das wesentliche Thema der Machtinszenierung eröffnen. Die Macht, die der Leiter des Internats hat, wird ja stets nur aus der Perspektive des Schülers Jakob von Gunten beschrieben, sie erfährt also kein darstellerisches Korrektiv durch eine andere Figur oder eine andere Sichtweise.

Jakob weiß nun, daß er »nie, nie irgend etwas Großes« (S. 97) sein wird, und er empfindet eine eigentümliche Genugtuung über dieses prognostische Wissen. Es geniere ihn nicht, schreibt er an anderer Stelle ins Tagebuch, »ein niedriger, kleiner Eleve des Institutes Benjamenta zu sein [...]« (S. 110). Klein und niedrig seien die Zöglinge, ›klein‹ und ›niedrig‹ sind jene Merkmale, mit denen die Schüler wiederholt beschrieben werden. Diese selbst gewollten Erniedrigungssehnsüchte und Erniedrigungsphantasien finden ihren Höhepunkt in der Beschreibung von Jakobs Verhältnis zum Vorsteher und Leiter des Internats, Herrn Benjamenta. Jakob schreibt unmißverständlich wörtlich, »Eleven sind Sklaven« (vgl. S. 140), und er sei sein Eleve und Sklave, ein Zögling, winzig, der Direktor hingegen allmächtig. Jakobs Selbstbekenntnis zeigt, wie sehr er sich bereits mit diesem Herr-Knecht-Verhältnis identifiziert: »Ich bin ja etwas so Kleines. Daran, daran halte ich ungebunden fest, daran, daß ich klein, klein und nichtswürdig bin« (S. 141). Der Prozeß der Selbstdisziplinierung ist erfolgreich abgeschlossen. Jakob von Gunten ist das, woran er glaubt. Die Schule hat ihn zu einem willenlosen Objekt funktionalisiert. Die instrumentelle Vernunft der Schule siegt über die ungeschulte Vernunft des Schülers. In einem Tagtraum wähnt er sich als »der kleine Bestandteil an der Maschine einer großen Unternehmung, kein Mensch mehr« (S. 137). Sein persönliches Glück bezieht Jakob letztlich nur noch aus der Tatsache, daß er in sich »nichts Achtens- und Sehenswertes zu erblicken vermag! Klein sein und bleiben« (S. 144 f.). Am Ende des Buchs, als Benjamenta nach der Auflösung der Schule Jakob vorschlägt, bei ihm zu bleiben, klingt das in den Worten des Lehrers so: »du der Kleine, ich der Große« (S. 149). Benjamenta drückt aus, was wohl das Selbstbewußtsein eines jeden Lehrers, zumindest in der Literatur, bestimmt. Das fast schon fatalistisch zu Nennende des Romans besteht ja gerade darin, daß sich Jakob freiwillig in diese Erniedrigungsschule und Verkleinerungsapparatur begibt. Jakob gesteht, »ich bin gern unterdrückt« (S. 104). Er erwacht nicht eines Morgens als Käfer, wie Kafkas Gregor Samsa, sondern er ist der Schülersklave, er beschränkt freiwillig seine Freiheit und macht sich freiwillig zum Schüler und Sklaven. Skurril und kafkaesk kann diese Welt des Internats genannt werden. Robert Musils Wort über Kafka, er sei ein »Spezialfall des Typus Walser«,[28] trifft zu. Mit dem *Jakob von Gunten* hat Walser jedenfalls seine Verwandtschaft mit Kafkas Schreiben dokumentiert.

Martin Walser nannte in seinen Frankfurter Poetikvorlesungen den Beginn des Romans ein ungeheures »Antipanorama«.[29] Die Beschreibung von Gegenwelten kennzeichnet in der Tat Robert Walsers Schreibverfahren. Die Antithesen brechen im Roman auseinander, sie werden zur Darstellung der Utopielosigkeit, da sich ja nichts entwickelt, dies aber beredt. »Die Schule Benjamenta ist das Vorzimmer zu den Wohnräumen und Prunksälen des ausgedehnten Lebens« (S. 64f.). So stellt es sich Jakob dar. Ähnlich formuliert es der Autor Walser – ohne daß man nun vorschnell die Figur des Ich-Erzählers Jakob von Gunten mit dem Autor identifizieren sollte – an anderer Stelle. In *Fritz Kocher's Aufsätze* (1902) soll der Schüler Kocher einen Aufsatz zum Thema »Über den Nutzen und die Notwendigkeit der Schule« schreiben. Sein Kommentar dazu lautet, halb ironisch, halb ernst, die Schule sei »der Vorsaal, gleichsam das Wartezimmer zum Leben. Nichts, das besteht, ist nutzlos. Die Schule am allerwenigsten ist es. [...] Schüler können eigentlich nicht über den Nutzen und die Notwendigkeit der Schule, in der sie selbst noch stecken, reden«.[30] Auf Jakob bezogen bedeutet dies, daß er als betroffener Schüler eigentlich gar nicht angemessen über seine Schule schreiben kann. Wer aber dann? Bei Fritz Kocher heißt es dann weiter, über die Schule »sollten ältere Leute schreiben. Etwa der Lehrer selbst, oder mein Vater, den ich für einen weisen Mann halte. Die Gegenwart, die einen singend und lärmend umgibt, ist in keine genügende Form schriftlich zu fassen«.[31] Benjamin Lebert wird mit seinem Internatsroman *Crazy* (1999) das gegenteilige Beispiel liefern, ihm gelingt die Identität von betroffenem Schüler und beschriebenem Schüler. Walser hingegen muß sich mit einem alten literarischen Trick behelfen; er schreibt zwar in Ichform, dies aber aus der Perspektive einer fiktiven Romanfigur, die zudem noch offenläßt, ob sie all das, was sie da als Erlebtes niederschreibt, auch tatsächlich erlebt hat oder nicht vielmehr nur träumt. Seine Tagphantasien, das bemerkt Jakob, grenzen gelegentlich »an das Absurde« (S. 108), ohne daß der Begriff schon mit einem späteren existenzphilosophischen Verständnis aufgeladen wäre. »Träumte ich, und habe ich jetzt ausgeträumt?« (S. 131), fragt er sich. Und was Jakob nach einer körperlichen Attacke Benjamentas in aller Hast niederschreibt, kann auch auf den gesamten Roman bezogen gelten, »ich weiß nicht, ob ich das geträumt, oder ob ich das tatsächlich erlebt habe« (S. 143). Sein Aufenthalt in der Schule komme ihm wie ein »unverständlicher Traum« (S. 10) vor, heißt es gleich zu Beginn des Romans. Dieses erzähltechnische Verfahren verleiht dem Text eine Art doppelten Boden, so daß unter dem einen, auf dem man zu stehen meint, sich stets noch ein zweiter Boden auftut, ein bewußter

Wechsel vom Eigentlichen zum Uneigentlichen ist kaum mehr bemerkbar. Am Ende des Romans appelliert Jakob an sich selbst, »weg jetzt mit der Feder. Weg jetzt mit dem Gedankenleben« (S. 164), nun müsse das wirkliche Leben beginnen. Nach dem bisher Geschilderten ist dies Jakob aber nicht mehr möglich, er wird der Schüler, der Sklave, der Kleine und Subjektlose bleiben. Eine Null werde er später im Leben sein, schreibt Jakob, das wisse er schon jetzt, beim Eintritt in die Schule (vgl. S. 8). Und diese Nullmetaphorik durchzieht den Roman leitmotivisch. Ein Schüler sei eine »gute runde Null, weiter nichts« (S. 53). Demzufolge muß Jakob in einem Gespräch mit seinem Bruder Johann von Gunten, der als Künstler in der Stadt lebt, erfahren, daß er bereits auch Außenstehenden als eine Null erscheint (vgl. S. 66). Wer eine Null ist, bedarf auch keiner privaten Sphäre. Alles ist öffentlich im Institut Benjamenta, ein Rückzug ins Innere steht nur dem Internatsleiter und seiner nicht minder autoritären Schwester Lisa Benjamenta zu. Dieser Rückzug ins Innere wird im Text symbolisiert durch die sogenannten inneren Gemächer, die zu betreten den Zöglingen verboten ist, die es aber auch gar nicht gibt. Erst spät entdeckt Jakob, daß diese inneren Gemächer, wo die Erzieher wohnen sollen, Phantasmen sind. Symbolisch gedeutet, heißt dies, der Rückzug ins Innere erweist sich in der Moderne als ein Phantasma, der einzelne ist nur noch als ein einzelner von vielen denkbar, der einzelne taucht »in der Masse unter« (S. 42). Die Masse schafft einen Anpassungsdruck, den Jakob auf die Formel bringt: »Gehorchende sehen meist genau aus wie Befehlende« (S. 56). Die Identifikation mit dem Aggressor läßt das Opfer die Tat vergessen, der Erniedrigte erfährt die Erniedrigung als Erhebung. So gesehen wäre Walsers Roman auch eine Parabel auf die Moderne mit ihren scheinbar unbegrenzten technischen, kulturellen und politischen Möglichkeiten. Die Aufhebung des Herr-Knecht-Verhältnisses gelingt nicht einmal in der völligen Anpassung an Herrschaft.

Dem Bedürfnis des Schülers nach Privatheit steht krass die Schilderung der Außenwelt gegenüber. Gelegentlich geht Jakob in die Stadt und macht dort seine Erfahrungen mit anderen, ihm fremden Menschen und mit Technik, mit moderner Gesellschaft und Großstadt. Einen solchen Ausflug beschreibt er folgendermaßen:

Oft gehe ich aus, auf die Straße, und da meine ich, in einem ganz wild anmutenden Märchen zu leben. Welch ein Geschiebe und Gedränge, welch ein Rasseln und Prasseln. Welch ein Geschrei, Gestampf, Gesurr und Gesumme. Und alles so eng zusammengepfercht. Dicht neben den Rädern der Wagen gehen die Menschen, die Kinder, Mädchen, Männer und elegante Frauen; Greise und Krüppel, und solche, die den Kopf verbunden haben, sieht man in der Menge. Und immer neue Züge von Menschen und Fuhrwerken. Die Wagen der elektrischen Trambahn sehen wie figurenvollgepfropfte Schachteln aus. Die Omnibusse humpeln wie große, ungeschlachte Käfer vorüber. (S. 37)

Da dies die einzige Textstelle ist, wo Walser diese Stilmittel der Anaphern, Lautmalereien, Alliterationen und Vergleiche so gehäuft verwendet, muß diese Auffälligkeit bei der Textdeutung beachtet werden. Denn der Autor Walser nimmt hier ein Thema in seinen Schultext auf, das bei Schultexten anderer Autoren zu Beginn des 20. Jahrhunderts kaum eine Rolle spielt: moderne Lebenswelt. Jakob stellt sich die entscheidende Frage: »Was ist man eigentlich in dieser Flut?« (S. 38), und Walser schafft damit die Verbindung zwischen Schulthema im engeren und einem gesellschaftlich-kulturellen Thema im weiteren Sinn. Die Frage nach der Individualität des einzelnen in der modernen Massengesellschaft wird auch von Jakobs Bruder aufgeworfen und beantwortet: »Die Masse, das ist der Sklave von heute, und der Einzelne ist der Sklave des großartigen Massengedankens« (S. 67). Jakob wird später diese Ansicht für sich korrigieren, viele Sklaven würden unter den »modernen, hochmütig-fix und fertigen Menschen« (S. 78) leben. »Vielleicht sind wir heutigen Menschen alle so etwas wie Sklaven, beherrscht von einem ärgerlichen, peitscheschwingenden, unfeinen Weltgedanken« (ebd.). Was aber ist ein unfeiner Weltgedanke? Der Roman gibt darauf keine Antwort, benennt aber den Horizont, vor dem sich eine solche Antwort bilden könnte. Es geht auch im *Jakob von Gunten* nicht um die Struktur der Macht an sich, sondern stets um den Menschen, der beherrscht wird. Auch wenn der einzelne gesellschaftlich gesehen in der Masse verschwindet, macht die Schule demgegenüber deutlich, daß er als einzelner stets Objekt und Opfer von Erziehung und Macht ist. Die Schultexte zeigen und bestehen nachgerade darauf, daß nicht das System die Herrschaft ist, sondern Herrschaft durch die Vertreter des Systems erzeugt wird. Macht ist also nicht eine abstrakte Größe, sondern wird von den Schülern konkret-persönlich und von Personen erfahren.

Zum Zeitpunkt, als Walser am *Jakob von Gunten* arbeitet (1908, der Roman erscheint dann im Frühjahr 1909), wohnt er in Berlin. Man kann also annehmen, daß Walser bei der Beschreibung dieser Großstadtszenen eine europäische Großstadt vor Augen hatte und daß er vor Beginn des sogenannten expressionistischen Jahrzehnts in der Literatur (1910–1920) bereits dem Genre des Schultextes das innovative, ja avantgardistische Thema Großstadterfahrung sichert. Walser verbindet damit aber eine Kritik an der Moderne. Das Zeitalter, in dem sie lebten, sei gewöhnlich, läßt er Jakob sagen (vgl. S. 62). Die Schule in der Form, wie sie Jakobs Internat darstellt, hat sich überlebt, sie ist ein Anachronismus in der modernen Lebenswelt, deshalb wird sie auch am Ende des Romans geschlossen. Doch die Moderne selbst ist nach Jakobs Verständnis auch durchschnittlich, was also bleibt?

Wenn nun der *Jakob von Gunten* kein Schulroman im wörtlichen Sinne ist und die Charakterisierung des Schulunterrichts, der Lehrer und der Mitschüler nur eine untergeordnete Rolle spielt, dann stellt sich die Frage, worin der symbolische Mehrwert des Textes liegen mag. Zunächst einmal verblüfft die Freiwilligkeit des jungen Jakob, mit der er seine Selbsterniedrigung betreibt. Ferner verblüfft die Radikalität der Formel, daß Schule Sklaverei sei. Die Machtlosigkeit des einzelnen und das Verharren im Zustand der Entrechtung werden im Roman so auffällig exponiert, daß sie eine symbolische Deutung nahelegen. Walser treibt mit seinem Roman ein bestimmtes Problem verschärft hervor, nämlich die Entwicklungslosigkeit der modernen Kultur. Die Verherrlichung des Entwicklungslosen und der Unterdrückung setzt das Verständnis von Gegenwart als Vernichtung der Zukunft voraus. Natürlich ist *Jakob von Gunten* ein Antientwicklungsroman oder ein Antibildungsroman. Doch man kann noch einen Schritt weiter gehen. *Jakob von Gunten* ist eine Zivilisationsmetapher. Mit diesem Roman legt der Autor eine unmißverständliche Kritik an der neuen, modernen Gesellschaftsform des 20. Jahrhunderts vor, die den Menschen wieder zum Sklaven mache. Der technische und kulturelle Fortschritt bedeute in Wirklichkeit einen zivilisatorischen Rückschritt. Die Verfeinerung der sozialen Kommunikation bringe lediglich eine Verfeinerung der Unterdrückungs- und Machtapparaturen mit sich. Und die Schule sei in diesem Regulierungsgefüge von Macht eine zentrale Instanz, da sie schon frühzeitig bei den Jugendlichen mit dem Zwang zur Bändigung und zur Selbstdisziplinierung beginne. Wer später klein sein soll, muß schon früh begreifen, daß er klein ist. Auch Jakob hatte beizeiten »Selbsterziehungspläne«, hier liegen auch die Gründe, weshalb er überhaupt in die Schule eingetreten ist: »um mich quasi selbst zu erziehen, oder mich auf eine künftige Selbsterziehung vorzubereiten, deshalb bin ich Zögling dieses Institutes Benjamenta geworden, denn hier macht man sich auf irgend etwas Schweres und Düster-Daherkommendes gefaßt« (S. 69). Aber die Selbsterziehung dient letztlich nur einem Ziel, das ist die freiwillige Unterwerfung unter den Lehrer. Und deshalb fordert auch Frau Benjamenta von Jakob einen Beweis seiner »willigen Unterwerfung« (S. 100), indem er den nassen Kellerboden küssen solle. Die Zeit, wo Jakob »als Kulturmensch in einem Kulturzeitalter« (S. 103) lebte, ist vorbei. Phantasiert Jakob einmal Macht und Gewalt, die er ausübt, so empfindet er sie sofort als peinlich, Ekel und Grauen erfassen ihn (vgl. S. 109). Jakob will unterdrückt bleiben. In seinem Lebenslauf, den er dem Vorsteher des Instituts schreiben muß, bemerkt Jakob über sich in der dritten Person, er mache sich »durchaus vom Leben keine Hoffnungen. Er wünscht, streng behandelt zu werden, um [zu] erfahren, was es heißt, sich zusammenraffen müssen. [...] Er will, daß das Leben ihn erziehe, nicht erbliche oder irgend adlige Grundsätze« (S. 51).

Walsers Roman kann als Fortsetzung von Törleß' Tagebuch gelesen werden, und so ergibt sich eine von den Autoren unbeabsichtigte literaturgeschichtliche Reihung. Musil schreibt Rilkes geplanten, aber nie ausgeführten Militärroman mit dem *Törleß*, und Robert Walser setzt das Tagebuch des jungen Törleß fort. Die Schul- und Internatstexte der Autoren Rilke, Musil und Walser bilden um die Jahrhundertwende eine Art Achse, um die herum sich die Schultexte anderer Autoren gruppieren. Diese drei Schriftsteller loten die Möglichkeiten des Schreibens über die Schule zu Beginn der Moderne aus, sie setzen Maßstäbe, an denen sich bis heute Schriftstellerinnen und Schriftsteller ausgesprochen oder unausgesprochen orientieren.

Christa Winsloe (1888–1944) ist die erste Schriftstellerin in Deutschland, die einen kritischen Internatsroman geschrieben hat. Bis dahin funktionierte die Anpassungsapparatur der wilhelminischen und postwilhelminischen Gesellschaft so perfekt, daß Frauen als Schriftstellerinnen kaum jemals ernsthaft kritische Schultexte schreiben konnten. Ein weiblicher Rilke, ein weiblicher Musil, ein weiblicher Walser wären unvorstellbar gewesen. Selbst *Ellen Olestjerne* (1903) von Franziska Gräfin zu Reventlow bleibt – gemessen an *Mädchen in Uniform* (1934) – weit hinter Winsloes Kritik und analytischem Scharfsinn zurück. Gemeinhin fielen im 19. Jahrhundert die Schultexte weiblicher Autoren bieder aus. Zwischen Kitsch und Anpassung bewegten sich stilistisch und inhaltlich diese Bücher, von denen beispielhaft nur *Pension und Elternhaus* (1877) von Eva Hartner, *Heideschulmeister Uwe Karsten* (1909) und *Das Lyzeum in Birkenholz* (1918) von Felicitas Rose erwähnt seien.[32]

1930 wird ein Theaterstück von Winsloe in Leipzig uraufgeführt. Der Titel lautet *Ritter Nérestan*; in Berlin heißt das Stück dann *Gestern und Heute*. Darin geht es um die Zuneigung einer Internatsschülerin zu ihrer Lehrerin. Nach diesem Theaterstück wurde 1931 ein Film unter dem nun variierten Titel *Mädchen in Uniform* gedreht, der die Autorin Winsloe schlagartig bekannt machte. In Prosa erschien dieser Theater-Film-Text 1934 in Amsterdam unter dem Titel *Das Mädchen Manuela.* Ein Neudruck 1983 im Verlag Frauenoffensive griff wieder auf den Filmtitel *Mädchen in Uniform* zurück, unter dem sich inzwischen der Roman auch in der Literaturgeschichte eingebürgert hat. 1999 legte der Göttinger Daphne Verlag nochmals einen Neudruck unter demselben Titel vor. Winsloes Roman wurde zweimal verfilmt: 1931 unter der Regie von Leontine Sagan und der künstlerischen Oberleitung von Carl Froelich; 1958 führte Geza von Radvanji Regie, Romy Schneider spielte die Rolle der Schülerin Manuela von Meinhardis.

Auch die Autorin Winsloe war selbst Internatsschülerin.[33] Von daher liegt die Vermutung nahe, daß sie in ihrem Roman in erster Linie autobiographische Erlebnisse aufarbeitet. Doch ist diese Beobachtung keineswegs leselenkend. Winsloe formuliert grundlegende Einsichten in Gruppenstrukturen und Organisationsformen wilhelminischer Internate, die jenen ›Gesinnungsmilitarismus‹ auch bei Schülerinnen schaffen, der u.a. aus der Jungenerziehung in den Kadettenschulen bekannt ist.

Den Roman kennzeichnen große stilistische Niveauunterschiede. Neben dem epischen Bericht steht ein Dialogstil, der noch sehr an die Herkunft des Textes aus dem Theater erinnert, finden sich Drehbuchsequenzen, die knapp, präzise und peitschend erzählen, wie überhaupt durch ständige Tempuswechsel und parataktischen Satzbau die Dynamik des Erzählens forciert wird. Auch jugendbuchtaugliche Banalitäten aus dem Teenagerleben werden nicht ausgespart. Das alles schmälert nicht die Bedeutung des Romans, die darin liegt, daß Winsloe erstmals konsequent die gleichermaßen militaristisch-präfaschistische Erziehung von Mädchen in der Schule zum Thema eines Romans macht, und dies nicht nur eine Episode innerhalb einer größeren epischen Entwicklungsgeschichte darstellt. Formal gliedert sich der Roman zwar in sechs zusammenhängende Kapitel, doch fällt auf der inhaltlichen Ebene der Text in zwei Teile auseinander. Eine Verbindung der beiden Teile wird von der Autorin nicht angestrebt. Im ersten Teil erzählt sie die Kindheitsgeschichte der Hauptfigur Manuela von Meinhardis, schildert das Elternhaus, die Mutter, die Geschwister, das soziale Umfeld der Familie und die beruflichen Zwänge des Vaters, der als Major dient, und hebt insgesamt eine starke Mutterbindung Manuelas hervor. Durch den plötzlichen Tod der Mutter verliert Manuela ihre ausschließliche Bezugsperson. Nach einiger Zeit wird sie schließlich in ein Mädcheninternat gebracht. Hier beginnt ein zweiter Entwicklungsabschnitt oder Teil, der für sich genommen bereits genügend Erzählmaterial, Spannung und Geschick in der sprachlichen Gestaltung für einen Roman bietet. Eine Entwicklungsgeschichte im klassischen Sinn jedenfalls ist im Roman nicht zu erkennen, worin er sich etwa von Hesses *Unterm Rad* unterscheidet.

Nach dem Tod der Mutter wird von Manuelas Tanten deren persönlicher Nachlaß aufgelöst. In einem unbeobachteten Moment »bemächtigte sie sich der getragenen Wäsche ihrer Mutter und versteckte sie in ihrem Bett« (S. 109).[34] Sie atmet so lange den Geruch der Kleidungsstücke ein, »bis Mutti körperhaft sichtbar war« (ebd.). In dem Augenblick, wo die imaginierte Anwesenheit der Mutter Manuela nicht mehr zu erinnern gelingt – und dies wird im Internat sein –, verschiebt sich die Sehnsucht nach der Mutter auf ihre Lehrerin Fräulein von Bernburg. Als diese ihr dann einmal ein Unterhemd überläßt, ist die Doppelbesetzung dieser Person als geliebte Frau und Muttterersatz vollzogen. Im Verlust der Mutterbindung ist also eine wesentliche Ursache für die Übertragung von Manuelas Liebesbedürfnissen auf die Lehrerin zu erkennen. Damit unterscheidet sich Winsloes Roman wesentlich von den anderen Schul- und Internatsromanen, da dort zumeist das Internat und die Lehrer als Vaterinstanzen und die Schule insgesamt als Vaterautorität von den Jungen erfahren und den Autoren beschrieben werden. Reventlow deutete in *Ellen Olestjerne* schon an, daß auch in der Mädchenschule patriarchale Strukturen der wilhelminischen Gesellschaft reproduziert werden. Doch Winsloe beschreibt erstmals in einer erstaunlichen Offenheit und Differenziertheit das weibliche Leiden im von Frauen patriarchal organisierten Schulsystem des Internats. Darin liegt die literaturgeschichtliche Bedeutung dieses Romans. In *Mädchen in Uniform* spielt die Abwesenheit des Vaters als vertrauliche und kontinuierliche Erziehungsinstanz innerhalb der Familie und später der Verlust des Vaters durch Manuelas Weggang ins Internat nur eine untergeordnete Rolle. Während der Vater seine Erfüllung – die bei ihm als Offizier stets Pflichterfüllung ist – in seiner beruflichen Laufbahn sucht, nach dem Tod seiner Frau »ein neues Leben« (S. 118) beginnt, worin seine Tochter keinen Platz mehr hat und während Manuelas Internatszeit ausgedehnte Reisen macht, leidet seine Tochter im Internat. Die Erfahrung von Einsamkeit im Internat erneuert für Manuela stets die Erinnerung an den Verlust der Mutter und die fehlende Liebesbindung. Zu dieser Verlusterfahrung tritt ein zweites, wesentliches Moment. Manuela lehnt ihre Geschlechtsidentität ab. Dies betrifft sowohl ihr biologisches als auch ihr soziales Geschlecht. Schon als Kind möchte sie kein Mädchen, sondern ein Junge sein. Beim Indianerspielen mit ihren Brüdern, heißt es etwa im ersten Kapitel, grübelt Manuela darüber, weshalb Mädchen keine Indianerhosen und generell überhaupt keine Hosen tragen dürfen (vgl. S. 32). Sie erhält keine befriedigende Auskunft. Wie bei Ellen Olestjerne in Reventlows Roman muß der allgemeine Hinweis ›Mädchen tun dies nicht‹ oder ›Mädchen tragen Kleider‹ ausreichen. Doch anders als Reventlow verlagert Winsloe dieses Motiv hauptsächlich in die Zeit der Pubertät ihrer Hauptfigur. Sie schöpft damit die Erklärungsmöglichkeiten für Manuelas Entwicklung aus. Im fünften Kapitel erklärt Manuela der Lehrerin Bernburg: »weil ich ja ein Junge sein will, ich hasse es, ein Mädel zu sein. [...] Ich mag keine Frau werden – ich möchte ein Mann sein und immer für Sie da sein, Fräulein von Bernburg« (S. 181 f.). Ihrer Mitschülerin Ilse gegenüber wird Manuela bekennen, daß sie keine Männer mag (vgl. S. 217). In diesem Motiv der Ablehnung ihrer Geschlechtsidentität und der Rebellion gegen soziale Rollenmuster mag möglicherweise auch ein Grund dafür liegen, weshalb Winsloes Buch zu Beginn der achtziger Jahre von der Frauenbewegung stark rezipiert und als identifikatorische Lektüre verstanden wurde – nicht von ungefähr erschien der Roman im Neudruck 1983 in einem feministischen Verlag. Unklar ist dabei allerdings, ob sich dieses identifikatorische Verständnis auf die Romanfigur Manuela oder nicht viel eher auf deren Autorin Winsloe und ihre Biographie bezieht.

Mit noch nicht vierzehn Jahren wird Manuela ins Internat geschickt. Ihre Erziehung ist dem Vater und seiner Haushälterin mehr und mehr entglitten. Der Vater resümiert seine militärisch knappen Überlegungen mit den Worten: »Du bist ja ganz verwildert« (S. 136). Die Tatsache, daß sie in einen Jungen verliebt ist, wird als Frühreife diskreditiert und ihr Wunsch nach zunehmender Autonomie als Widerstand gegen die familiale Ordnung und damit als Bedrohung erfahren. Die Antwort der Erwachsenen auf diese Entwicklungsphänomene heißt Kasernierung. Manuela wird in einem Mädcheninternat weggeschlossen und bekommt eine ›gesinnungsmilitärische‹ Ausbildung. Die Wildheit muß gebändigt, das Kind diszipliniert werden.

Ab dem fünften Kapitel, also etwa nach der Hälfte des Romans, beginnt die eigentliche Schul- und Internatsgeschichte (vgl. S. 139 ff.). Das Prinzessin-Helene-Stift wird von einer Oberin geleitet, welche die groteske Verkörperung von Döblins ›allein seligmachendem Preußentum‹ darstellt. Sie leitet die Schule mit 150 Mädchen streng hierarchisch und militärisch. Ihr Erziehungsprogramm faßt sie selbst in den knappen Worten zusammen: »Nicht denken, [...]. Gehorchen! Wir Preußen sind groß geworden durch Gehorchen« (S. 219). Und gegenüber der Lehrerin Elisabeth von Bernburg fordert sie: »wir haben hier Soldatenkinder zu erziehen« (S. 247). *Mädchen in Uniform* – die Entscheidung der Neudrucke von 1983 und 1999, diesen Titel als Buchtitel zu wählen, findet ihre Berechtigung. Die Mädchen werden soldatisch erzogen, der äußeren Uniformierung entspricht eine innere Uniform, die sie zu geschlechtsspezifischen Befehlsempfängern in Gesellschaft und Familie ausbilden soll. Wenn die Mädchen frieren oder hungern, deutet dies die Oberin als Ungehorsam oder »Verweichlichung« (S. 219). In einem Brief an Manuelas Vater etwa wird sie von deren Impertinenz sprechen (vgl. S. 179). Die Kleidung ist bei allen Mädchen gleich, das läßt Manuela empfinden, »daß sie alle gleich aussehen« (S. 148). Haare werden gleich frisiert; dunkles Kleid und schwarze Schürze lassen keine individuelle Bekleidung zu; Bücher sind verboten; die Verbote müssen als erstes gelernt, das Ordnungs- und Regeldenken muß von Beginn an geprüft werden; Briefe werden zensiert (vgl. S. 162); Schmuck und Süßigkeiten sind verboten; Ausgang in die Stadt wird nur in geschlossener Zweierreihe erlaubt; wie deutsche Soldaten sollen die Mädchen gehen (vgl. S. 181); der Name wird durch eine Nummer ersetzt und Manuela merkt, wie sie entmenschlicht und verdinglicht wird, sie selbst wird »langsam zu Nummer Fünfundfünfzig« (S. 151). Mehr noch, Manuela befällt »ein furchtbares Grauen, als sei sie plötzlich nicht mehr sie selbst« (S. 153). Jedes Mädchen trägt eine Kokarde, die am Schürzenband, »ein wenig über dem Herzen« (S. 155), befestigt wird. Diese Kokarde ist aber kein Emblem der Freiheit, wie die Jakobinerkokarde des revolutionären Frankreichs, sondern ein Symbol der Unterdrückung. Der Umgangston zwischen Lehrerinnen und Schülerinnen ist soldatisch befehlend. Fräulein von Kesten, die Stellvertreterin der Oberin, erscheint in der »Haltung eines Soldaten« (S. 142). Unterwürfig und servil – so Winsloes Charakterisierung – reagieren die Mädchen auf ihre Befehle. Als Manuela erstmals das Internat betritt, hat sie den Eindruck, in eine Kaserne geführt zu werden (vgl. S. 144), und nicht zu unrecht wird die Französischlehrerin später vom Internat als dem »Militärhaus für Mädchen« (S. 198) sprechen. Die nun einsetzende innere Kasernierung der Schülerinnen wird durch das Bild der äußeren Kaserne symbolisiert. Sogar die Lehrerinnen selbst müssen sich diesem System von Gehorchen und Befehlen, von Überwachen und Bestrafen unterwerfen. Doch anders als die Schülerinnen sind sie freiwillig in dieses Internat zum Unterrichten gekommen, ob sie allerdings ebenso freiwillig wieder kündigen können, wird zumindest von dem Dienstmädchen Johanna in Zweifel gezogen (vgl. S. 243). Dies wirft insgesamt ein etwas kritischeres Licht auch auf jene Lehrerin, zu der Manuela eine tiefe Liebe entwickelt. Nur zu diesem Fräulein von Bernburg faßt sie Vertrauen, von der lediglich mitgeteilt wird, daß sie auch Religion unterrichtet. Der Aufmerksamkeit, der Fürsorglichkeit und dem Verständnis dieser Lehrerin für Manuelas Eingewöhnungsschwierigkeiten begegnet diese mit Zuneigung und Vertrauen. Bernburg wird für Manuela eine Ersatzmutter; sie weiß, die Lehrerinnen müssen den Schülerinnen sogar Vater und Mutter ersetzen (vgl. S. 199). Aus dieser Zuneigung entwickelt sich sehr schnell eine heftige Leidenschaft, Manuela liebt ihre Lehrerin.

Der Alltag im Internat ist einer strengen Reglementierung unterworfen. Sichtbares und akustisches Zeichen dieser Ordnung ist die Schulglocke. Bei Stefan Tomas wird es später heißen, die Zöglinge würden regelrecht – und das bedeutet regelgerecht – ›eingegongt‹. Winsloe schreibt: »Ein Tag, der nach einem elektrischen Glockenzeichen abläuft, ist eine mechanisierte Sache und fast mechanisiert sich der Mensch nach der Glocke« (S. 169). Die Glocke reiße aus dem Schlaf, sie jage die Schülerinnen die Treppe hinunter, sie schreie und befehle, sie schneide Gespräche auseinander, sie trenne und mache Herzklopfen. »Die Glocke ist Befehl. Unpersönlicher, gnadenloser, ewig gleichbleibender Ordner eines ereignislosen Daseins« (S. 170). Die Glocke repräsentiert die symbolische Ordnung des Vaters, dessen Autorität in der Abwesenheit gründet, vertreten durch Muttergestalten und hörbar im gellenden Signal. Die Oberin, Fräulein von Kesten und die Lehrerinnen – sie alle wiederholen und vervielfältigen die politische Macht wilhelminischer Herrschaft. Auch Bernburg reproduziert jenes Gewaltsystem, dem sie selbst als Lehrerin unterworfen ist, und wie sie selbst Befehle von der Oberin empfängt und kritiklos ausführt, so schärft sie Manuela die Verhaltensmaxime im Internat ein: »Du hast nicht zu kritisieren, sondern zu gehorchen« (S. 171), alles, was im Internat geschehe, sei richtig und gut. Selbstdenken ist auch von ihr nicht gefragt. Doch Bernburgs Ambivalenz von Strenge und Milde macht sie für die Schülerinnen begehrenswert. Kommt es allerdings zum Schwur, muß auch sie sich zur schulischen Unterdrückungsapparatur bekennen. Zu dieser Herrschaft gehört die moralische Ordnung. Gerüchte laufen im Internat um, daß die Lehrerin Bernburg lesbisch sei. Fast jedes Mädchen ist in sie verliebt oder schwärmt für sie. Die homosexuellen Kontakte bleiben aber auf die Mädchen selbst beschränkt. Anders als Christa Reinig in ihrer Schulerzählung deutet Winsloe dies nur an. Eindeutige sexuelle Kontakte zwischen der Lehrerin und Manuela werden in *Mädchen in Uniform* nicht beschrieben. Erst als Manuela Bernburg fragt, ob sie glücklich sei, gesteht diese sich selbst Gefühle für die Schülerin ein. Sie antwortet auf ihre Gefühle aber mit »Selbstzucht und Verzicht« (S. 176). Weshalb Elisabeth von Bernburg Manuela liebt, wird von der Autorin nicht erklärt. Die Erzählhaltung einer auktorialen Erzählerin und der Wechsel von direkter Rede zu erlebter Rede vermögen die Liebe der Lehrerin zur Schülerin nicht zu verdeutlichen. Dies bleibt im Dunkel, da der Text insgesamt stark aus der Perspektive des Mädchens Manuela geschrieben ist. Manuelas Liebesversuche werden von der Lehrerin aber zurückgewiesen. Ihr Bekenntnis: »Ich liebe Sie, liebes Fräulein von Bernburg« (S. 210), beantwortet diese mit Zurückweisung. Man müsse sich beherrschen können, sie beherrsche sich auch.

Schule und Internat erlauben es nicht, allein zu sein, und doch sind viele Schüler einsam. Das Leben in der Gruppe, die Zwangsgemeinschaft, verhindert das notwendige Alleinsein der Schüler. Diese Beobachtung zu beschreiben, ist Anliegen der meisten Schultexte. Ob Pierre Dumont, Hans Giebenrath, Ellen Olestjerne oder der junge Törleß: alle machen sie diese Erfahrung, und ihre Autoren und Autorinnen sehen darin – am schärfsten wohl von Dittberner analysiert – eine Ursache für extremen Individualismus oder extreme Anpassung im späteren Leben der Schülerinnen und Schüler. Bei Winsloe heißt es dazu lakonisch, »allein sein [...] ist das Schwierigste [...]. Hier ist Herde, und in Herde lebt man« (S. 193). Die spätere Metapher vom Schlachtvieh ließe sich in diesem Zusammenhang in diejenige vom Erziehungsvieh abändern, ist doch die Kulturgeschichte der Schule voller Zeugnisse, worin vor der Erziehung der Schüler zu dummen Eseln gewarnt wird.

Bei sich selbst zu sein, sich selbst als Identität erfahren zu können, gelingt Manuela erst im Theaterspiel. Anläßlich einer Theateraufführung übernimmt sie eine Hauptrolle in Voltaires Stück *Zaïre*. Ausgerechnet im Spiel erkennt sie ihre Identität. Manuela stellt fest, »ich werde jetzt zum ersten Male im Leben so sein können, wie ich bin« (S. 204). Selbst in der Familie, als die Mutter noch lebte, war ihr dies offensichtlich nicht möglich gewesen. Nun darf sie Hosen tragen – sie spielt eine klassische Hosenrolle –, denn sie verkörpert die Rolle des Ritters Nérestan. Das eigentliche Theater ist für Manuela das Leben im Internat. Im Anschluß an die Theateraufführung kommt es zum Eklat, der dramaturgische Höhepunkt des Romans wird erreicht. Manuela bekennt sich, stark angetrunken, öffentlich vor ihren Mitschülerinnen zu ihrer Liebe zu Elisabeth von Bernburg, sie zeigt das Hemd, das sie von ihr geschenkt bekommen hat und trägt. Sie hat nicht bemerkt, daß die Oberin die Szene beobachtet und alles gehört hat. Nach ihrem Bekenntnis fällt Manuela in einen komatösen Zustand. Wie der Arzt feststellen wird, ist sie volltrunken. Für die Oberin ist dieser Vorfall Grund genug, Manuela »exemplarisch« zu bestrafen, »dieses Kind ist eine Pest!« (S. 246). Das bedeutet für Manuela, daß sie weggesperrt und von den anderen isoliert wird. Aus der ursprünglich einfachen, sozialen Kasernierung wird eine doppelte Kasernierung. Die Bedrohung für die Oberin resultiert aus Manuelas Bekenntnis zu ihrer Homosexualität, obgleich dies von Winsloe sehr zurückhaltend beschrieben wird. Doch den Worten der Oberin, »Manuela ist unnormal veranlagt« (S. 248), ist zu entnehmen, daß die Schulleitung Manuelas Liebesbekenntnis als Gefährdung der sittlichen Ordnung der Schule begreift. Der Fall Manuela muß aber vertuscht werden, um das Wohlwollen der Stifterin des Internats und das eigene Ansehen der Oberin nicht zu gefährden. Überraschend sagt sich die Prinzessin zu einem Besuch an. Die Schülerinnen müssen sich, militärisch ausgerichtet in Reih und Glied, aufstellen, auch Manuela wird eigens aus der Krankenstation herbeizitiert. Die Oberin hat den »strengen Befehl« (S. 258) ausgegeben, mit Manuela dürfe nicht gesprochen werden. Der Gesinnungsmilitarismus wird zu einem Sozialmilitarismus. Während die Prinzessin und die Oberin sich unterhalten, gelingt es Manuela, sich mit letzter Kraft in das Zimmer Elisabeths von Bernburg zu schleppen. Noch einmal bekennt sie ihre Liebe der Lehrerin, aber auch diesmal erfährt sie eine Zurückweisung. »Du hast zu gehorchen. [...] Du mußt gehorchen. Tun, was man dir sagt. Du mußt geheilt werden. [...] Du darfst mich nicht so liebhaben, [...]. Das muß man bekämpfen, das muß man überwinden, abtöten« (S. 267 f.). Mit diesen Worten bekennt sich die Lehrerin zur bestehenden Ordnung.

Sie fordert von Manuela jene Selbstbändigung, der sie sich bereits unterworfen hat. Manuela wartet vergeblich auf ein »Zeichen« (S. 268), das Zeichen aber, das nun getilgt wird, ist sie selbst. Manuela stürzt sich aus dem Fenster.

Leider fehlt es immer noch an einer umfassenden literaturwissenschaftlichen Studie zu Christa Winsloe, die nicht nur ihren Roman *Mädchen in Uniform*, sondern auch ihre anderen Texte zu berücksichtigen, archivalische Forschungen durchzuführen und biographische Kenntnisse mit literaturgeschichtlichen Zusammenhängen zu verbinden hätte. Unter dem Stichwort ›Geschichte von Schultexten im 20. Jahrhundert‹ wurde Winsloe bislang jedenfalls noch nicht gesehen und damit die Bedeutung des Romans *Mädchen in Uniform* noch nicht gewürdigt. Hier steht weniger der schulische Unterricht im Vordergrund, als vielmehr der erzieherische Drill. Winsloe und – noch entschiedener – Reinig wenden sich in ihren Schultexten gegen das, was man eine Ästhetisierung der Gewalt nennen könnte.

Das Thema Schulkritik ist mehr als nur ein literarisches Thema, Autorinnen und Autoren geht es um die literarische Darstellung der Unterdrückung des Individuums durch repressive Strukturen, welche Staatsmacht oder Religionsmacht repräsentieren; ferner um die Unterdrückung von Mädchen bzw. Lehrerinnen durch das patriarchale System von Gesellschaft, Kollegen und Kolleginnen, Schülern und Schülerinnen; und schließlich um Aspekte der strukturellen Gewalt, die im Machtsystem Schule diesem Verständnis nach angelegt ist. Eine literarische Darstellung dieser Einsichten kann nicht anders als kritisch ausfallen. Die Emanzipation dieser Texte liegt darin, daß sie gegen die Repression in und durch Schule beharrlich anschreiben.

Literatur der Gegenwart

Barbara Frischmuth: Die Klosterschule

Die Klosterschule (1968) heißt der erste Roman der österreichischen Schriftstellerin Barbara Frischmuth (*1941). 1979 wurde er in die Reihe ›neue frau‹ des Rowohlt Taschenbuch Verlags aufgenommen und erlebte bis heute eine Auflage von mehreren Hunderttausend Stück. Dies zeigt, daß es auf seiten der Leser ein reges Interesse an einem Text geben muß, der schon in seinem Titel keinen Zweifel daran aufkommen läßt, daß es um den Zusammenhang von Religiosität und Schulerziehung geht. Der Text muß, so könnte man annehmen, eine hochgradig identifikatorische Lektüre anbieten. Der Titel *Klosterschule* macht deutlich, daß Frischmuths Schule kirchlich geprägt ist, es handelt sich um ein katholisches Mädcheninternat.

Dem Roman ist ein Motto von Abraham a Sancta Clara vorangestellt: »Eine rechte Jungfrau soll sein und muß sein wie eine Spitalsuppe, die hat nicht viele Augen, also soll sie auch wenig umgaffen« (o.S. [= S.5]).[1] Dieses Motto ist gleich in mehrfacher Hinsicht entlarvend für den Roman. Einmal ist es ein Männerwort, das einen kategorischen Anspruch auf Widerspruchslosigkeit erhebt. Zum zweiten ist es das Wort eines Kirchenmannes, der ein geschlechterdifferentes Wort mit der Autorität der Kirche spricht. Und schließlich bedeutet der Vergleich mit der Spitalsuppe eine heimliche Abwertung und Medizinalisierung der Frau, die schlimmstenfalls zur Dämonisierung wird. Denn wenn eine Frau mit Krankenkost verglichen wird, verschafft sich darin eine Diffamierungsmacht Gehör, die jeglichen Respekt vor der Frau als Individuum verweigert. Diese verschiedenen Aspekte bestimmen auch Anlage und Struktur des Romans.

In Frischmuths Buch wird keine eigentliche Geschichte erzählt, es sind vielmehr Befindlichkeiten, Beobachtungen und Lernergebnisse, über die sie berichtet. Die Ich-Erzählerin läßt bereits im ersten Satz den Leser annehmen, daß Erzählerin und Autorin identisch sind. »Wir, Angehörige der katholischen Jungschar, Zöglinge des Klosters, Schülerinnen der Ober- und Unterstufe, beten täglich und gerne« (S. 7). Es werden so viele Details aus dem Internatsalltag und dem Klosterschulleben berichtet, daß unweigerlich der Eindruck entsteht, hier spreche jemand über sein eigenes Leben. Und doch ist Frischmuths Roman – so nennt sie ihren Schultext ja immerhin im Untertitel und spielt auf diese Weise zumindest mit der Möglichkeit, daß es sich um eine fiktive Geschichte handelt – weit mehr als eine Aneinanderreihung von Internatsgeschichten aus der Perspektive einer pubertierenden Schülerin. Frischmuth versucht, dies ist ihr erzähltechnisches Verfahren, in der Anordnung der einzelnen Kapitel, in der Länge, der Auswahl der Themen und der sprachlichen Gestaltung die Unbeweglichkeit, Unveränderbarkeit und letztlich Weltfremdheit klösterlichen Lebens zu veranschaulichen. Ob sie sich dabei allerdings einer sanften Ironie bedient, wie der Klappentext des Romans glauben machen will, ist zu bezweifeln. Lediglich im Kapitel *Traum* schlägt Frischmuth einen fast schon komischen Ton an und bricht damit willentlich die sprachliche Seriosität religiösen Gebarens. Dort berichtet die Protagonistin von ihrem Traum:

> *Christus (oder Gottvater) aber rief laut: Komm!*
> *Aus Angst, daß ich berufen würde, warf ich mich zu Boden.*
> *Lieber nicht, schrie ich und wurde erheblich kleiner.*
> *Christus (oder Gottvater) aber rief laut: Komm!*
> *Da wurde ich wieder unerheblich größer [...].* (S. 44)

Bezeichnend ist, daß die sprachliche Form der Ironie und des aufsässigen Tons nur im Traum geschieht, die Wirklichkeit der Klosterschule verweigert diese Form des Selbstdenkens. Weibliches Selbstdenken, so kann man diese Passage durchaus auch lesen, ist nur in der Phantasie statthaft, eben dort, wo es nicht überwacht und gestraft werden kann. Insgesamt aber schildert Frischmuth die Erlebnisse der betroffenen Schülerinnen als zu ernst und zu existentiell, um darin eine grundsätzliche ironische Darstellungsweise der Autorin erkennen zu können.

Die Anlage des Romans erschließt sich erst vom Ende her, das bezeichnenderweise *Der Lauf der Welt* heißt. Hier wird zum erstenmal ein Adressat genannt, so daß die insgesamt vierzehn Kapitel des Romans den Eindruck einer Brieffolge oder aber eines Tagebuchs gewinnen können. Jedenfalls werden die Texte an eine unbekannte Person gerichtet, die selbst Klosterschülerin war, dann aber das Internat verlassen hat. Ob sie imaginär ist oder eine personale Instanz außerhalb des Textes, läßt die Autorin offen. »Wie und wann es angefangen hat, kann ich dir nicht mit Bestimmtheit sagen« (S. 83), mit diesen Worten eröffnet Frischmuth dieses Kapitel. Auch die Leser wissen es nicht, sie bleiben vor allem zunächst über das, was angefangen hat, im Unklaren. Die Ich-Erzählerin berichtet unter anderem davon, wie sie bei ihrer Schulfreundin Milla im Bett eingeschlafen ist, was nach den Internatsregeln strengstens untersagt ist. Auch in Christa Reinigs *Ewige Schule* findet sich eine solche Episode. Dort sagt die Oberin zu den Schülerinnen: »›Ihr wißt, daß es euch verboten ist, zusammen in einem bett zu liegen.‹ Die kinder wissen es, wissen aber nicht warum. Die oberin verschwindet mit einem versöhnlichen: ›Adieu, liebe kinder, gute besserung.‹« (S. 68) Dieser Regelverstoß wird gewöhnlich mit dem Ausschluß aus dem Internat geahndet, da von den Lehrerinnen prinzipiell eine sexuelle Verfehlung der Mädchen angenommen wird. Frischmuths Romanfigur hat also gegen eine schulinterne Regel verstoßen. Schon in dem Kapitel *Antonius und Kleopatra* war berichtet worden, daß sie und Milla dabei erwischt worden waren, wie sie sich geküßt hatten. Die beiden hatten lediglich Licht in das Geheimnisvolle eines leidenschaftlichen Kusses bringen wollen. Doch Schwester Theodora fragt, ob sie denn »abwegig veranlagt« (S. 62) seien. Die Ich-Erzählerin weiß mit dieser Anspielung nichts anzufangen, sie denkt statt dessen an einen »Seitenweg zum Schwesternherz hinter der Lourdes-Grotte vorbei« (ebd.). Folgen die meisten Schul- und Internatserzählungen nach Musils *Törleß* der Erkenntnis, daß erst das Benennen die Wahrnehmung für das Verbotene schärft und die Lust am Tabubruch weckt, so verweigert Frischmuths *Klosterschule* sich diesem Thema. Sexualität kommt im Kapitel *Der Geist und das Fleisch* nur noch in ihrer sublimierten Form als eine Art religiöser Brautwerbung zwischen den Schülerinnen oder zwischen Lehrerinnen und Schülerinnen vor.

Dann bleiben bei der Ich-Erzählerin auch noch die gewohnten religiösen Visionen aus, und die ersten Zweifel an der Zuverlässigkeit des Glaubens stellen sich ein. Sie bemerkt bei sich einen »Widerwillen gegen die zahllosen Gebete« (S. 86) und stellt die besorgte, aber rhetorische Frage, ob schon der Teufel aus ihr spreche. Die unbekannte Adressatin (möglicherweise das imaginäre Du der Ich-Erzählerin) wird nun zur Mitwisserin eines tiefen Bekenntnisses:

> *Und ich bin überhaupt im Zweifel. Es heißt, daß dies gut sei. Wer viel zweifelt, glaubt viel. Und da wäre noch nichts verloren. Damit will ich dir natürlich nicht weismachen, daß ich nicht mehr glaube, so wie du. [...] Und darum schreibe ich dir zurück, obwohl sie es uns verboten haben, dir zurückzuschreiben*. (S. 86)

Zweifel aber, das wissen nicht nur autoritäre Systeme wie Kirche und Staat, das wissen sehr genau deren Repräsentanten in der Schule, die Lehrerinnen und Lehrer, Zweifel ist die Voraussetzung für Veränderung. Das Cartesianische ›Ich zweifle, also bin ich‹ hat sich in der Moderne, wenn man historisch großräumig die Literatur des 19. und 20. Jahrhunderts so berechnen will, in ein ›Ich bin, also zweifle ich‹ gewandelt. Und das ist nicht verträglich mit den alten Erziehungsvorstellungen und Bestimmungen der Aufgabe von Schulen im Staat. Auch aus diesem Konflikt erwächst das Interesse der Schriftsteller an dem Thema Schule und Internat. Die Klosterschule als besondere Internatsform stellt ebenso wie die Kadettenanstalt eines drastisch vor Augen, im buchstäblichen Sinn: Die Reduktion des Individuums auf einen Massenartikel. Individualität wird durch Uniformität ersetzt. Die Funktionalisierung des einzelnen zum Gruppenmitglied ermöglicht es, jenen Prozeß unbeirrt in Gang zu setzen, der 1927 von Döblin als ›das allein seligmachende Preußentum‹ in der Schule beschrieben und verurteilt worden war. Individuelle Typen sind ebensowenig gefragt wie individuelles Denken geschätzt wird. Dieses System verträgt als paramilitärisches keine dissidente Meinung. Abweichungen sind nur zulässig zum Preis des Ausschlusses. Und daß der Alltag der Internatsschülerinnen paramilitärisch organisiert ist, zeigt schon das zweite Kapitel *Spazierengehen*. Was sich vom Titel her harmlos ausnimmt, erweist sich bei der genaueren Darstellung als Exempel der Einübung militärischer Tugenden. Disziplin und Ordnung sollen selbst beim Spaziergang geübt werden. Frischmuth simuliert die sprachlich-militärische Befehlsgewalt:

> *Wir sollen in Gehordnung bleiben, wir sollen uns an den Händen halten, wir sollen englisch sprechen, wir sollen uns nicht absondern. Wir sollen in Reih und Glied bleiben, nicht außer Rand und Band geraten, keine Extratour wollen, nicht aus der Reihe tanzen, die Blicke - es sei denn im Guten - nicht auf uns ziehen, keinen Unsinn treiben, den Schwestern gehorchen […]. Wir sollen Disziplin halten, uns in die Ordnung fügen, die Gebote des Anstands nicht außer acht lassen. Wir sollen, ob wir wollen oder nicht, unseren Willen einem höheren unterordnen, da dieser uns gewollt und wir ihn mit dem unseren stets wollen sollen.* (S. 14f.)

Die Schülerinnen werden auf diese Weise unmerklich zu Soldatinnen Gottes. In der Enzyklika von Papst Pius XI. vom 31. Dezember 1929 wird die Schule als »ihrer Natur nach Ergänzung und Hilfe der Familie und der Kirche« definiert; daraus folge »mit moralischer Notwendigkeit, daß sie diesen beiden Einflußsphären sich nicht nur nicht entgegenstellen darf, sondern mit ihnen zur denkbar vollkommensten Einheit verwachsen muß, zu so inniger Gemeinschaft, daß sie mit der Familie und der Kirche ein einziges, der christlichen Erziehung geweihtes Heiligtum bilden kann«.[2] Dafür sei es notwendig, daß »Lehrer, Schulordnung und Schulbücher in allen Fächern unter Leitung und mütterlicher Aufsicht der Kirche von christlichem Geist beherrscht sind«.[3] Katholische Kinder müssen nach dieser Enzyklika eine katholische Schule besuchen. Der Papst wehrt sich gegen den Verdacht, daß damit parteipolitische Absichten verbunden seien; die Katholiken würden »ihre Kinder damit nicht etwa vom Körper und Geist des Volkes lostrennen, sondern sie auf die vollkommenste und dem Wohl der Nation dienlichste Art dafür erziehen, denn der gute Katholik ist gerade kraft der katholischen Glaubenslehre auch der beste Staatsbürger, der sein Vaterland liebt und sich der in irgendeine gesetzliche Staatsform gekleideten Staatsgewalt aufrichtig unterordnet«.[4] Von dieser Einübung in die Unterordnung handelt Frischmuths *Klosterschule*. Ihre Protagonistin überlegt am Ende des Romans, ob sie nicht auch hätte den Mut aufbringen und wie ihre Freundin aus dem Internat austreten sollen. Wenn sich eine andere Möglichkeit des weiteren Lebenswegs biete, müsse man den

Mut zu einem Wechsel haben. Doch resigniert stellt sie fest, daß es für sie keine Alternative zur Klosterschule gibt. Mit ihrer Freundin Milla phantasiert sie gelegentlich das Leben nach dem Ende der Schulzeit, sie würden die Schule wohl kaum mehr besuchen, »es wird uns einfach nicht mehr interessieren, was hier vorgeht« (S. 87). Das futurische Vergessen prägt dieses klösterliche Schülerleben. Die Schwestern des Internats würden ihnen »ganz menschlich erscheinen, weil wir sie nichts mehr angehen« (S. 88). Das Interesse der Nonnen an den Schülerinnen ist – wenn man diesen Satz umkehrt – stets ein unmenschliches. Die Nonnen sind unmenschlich in dem Moment, wo die Schülerinnen sie etwas angehen, wo sie unterrichtet und erzogen werden sollen. Menschlichkeit setzt in den Regeln der Klostererziehung Desinteresse voraus, das ist die Wahrnehmung der jungen Schülerin. Doch bis die Schwestern menschlich und desinteressiert, die Schülerinnen hingegen frei sind, ist es

> *noch eine lange Zeit, in der sie uns zurechtbiegen werden – wer sein Kind liebt, der züchtigt es –, in der sie uns die Flausen austreiben und das Aufmucken abgewöhnen werden. Jedermann sei der Obrigkeit untertan! Denn es gibt keine Gewalt, die nicht von Gott stammt. Wo immer eine besteht, ist sie von Gott angeordnet. Wer sich also gegen die Obrigkeit auflehnt, lehnt sich gegen die Anordnung Gottes auf!* (S. 88)

Einzig in diesem Schlußkapitel werden solche Vokabeln der körperlichen und seelischen Gewalt gebraucht. Die anderen Kapitel des Romans sind jedoch nicht frei von einem Gewaltdiskurs, sondern dort stellt Frischmuth auf quasidokumentarische Weise die strukturelle Gewalt in Verhaltensweisen und Sprachregulierungen dar. Der Roman schließt mit den vielsagenden Worten, »du mußt mir wieder schreiben. [...] Und vor allem mußt du mir schreiben, ob du tust, was dir Spaß macht, und wenn du es nicht tust, warum du es nicht tust. Ich würde es ganz bestimmt tun, wenn ich frei wäre, so wie du« (S. 89). Eine symbolische Deutung erlaubt es, bei dieser Textstelle und der eröffneten Perspektive der versagten Freiheit weit über den Schul- und Internatskontext hinauszugehen. Hier spricht eine weibliche Stimme, welche die gesellschaftlichen und kirchlichen Regeln der Bändigung der Frau in Frage stellt, die von Freiheit träumt und ihre Erlösung in der Phantasie sucht. Anders als die Protagonistinnen von Winsloe oder Reinig ist dieses weibliche Ich eingebunden in ein starres Korsett aus Verhaltensweisen und Bewußtseinsformen, die den Alltag ebenso reglementieren wie sie selbst Fluchtphantasien einbinden in das Regelwerk der Klostererziehung, sie religiös entschärfen und durch Bußetun neutralisieren.

Frischmuths Schülerin wird bis zum Ende der Schulzeit in der Klosterschule bleiben. Schon im Kapitel über *Das Wesen der Gemeinschaft* hatte es geheißen, »man wird etwas aus uns machen« (S. 56). Wer diese Klosterschule durchlaufen habe, dessen Aussichten auf eine reibungslose berufliche und familiäre Karriere in der Gesellschaft seien garantiert. Die Schule habe den besten Ruf. Anders als die Schüler aus Walsers Erziehungsinstitut Benjamenta, die nichts zu hoffen hatten, die wußten, daß sie es zu nichts bringen würden und im späteren Leben stets nur eine untergeordnete Rolle spielen würden, spielen Frischmuths Klosterschülerinnen mit der Phantasie des sozialen Aufstiegs. Dieses »man«, das aus den Schülerinnen etwas machen werde, hat eine konkrete Gestalt: »Hinter uns wird unsere Mutter, die Kirche, und über uns der allmächtige Vater, Gott, stehen, und es gibt nichts, was wir mit solcher Hilfe nicht zu meistern imstande wären. Was ein Häkchen werden will, krümmt sich beizeiten« (S. 57). Im Kapitel *Die Anstandsstunde* wird sehr anschaulich und im Ton auch ironisch beschrieben, wie die jungen Mädchen auf ihre Rollen als Liebende, als Frau und als Mutter im Unterricht vorbereitet werden. Die Einübung von geschlechterdifferenten Bewußtseinsstandards, wie man sich zu benehmen, zu bewegen, zu verhalten hat, werden hier penibel genau dargestellt.

Die Schule ist wie die katholische Kirche und der christliche Glauben hierarchisch organisiert. In dem Kapitel *Der Geist und das Fleisch* reproduziert Frischmuth ein Lehrerreferat über die Verbindung von Schule und Glauben. Das Schulwesen beruhe auf »ähnlichen Grundsätzen« wie der katholische Glauben; »wer eine höhere Schule besucht, ist auch dem Höheren, das gleichzeitig das Erstrebenswertere ist, verpflichtet. Lehrer und Lehrerinnen sowie ältere Kameradinnen stehen dir hilfreich bei [...] der erste Schritt aufwärts [ist] der am heißesten ersehnte. Besteht doch erst danach die Möglichkeit, nicht nur etwas über sich, sondern auch etwas unter sich zu haben« (S. 78). Dieses Thema der Macht prägt jeden Schultext, doch am Beispiel des Modells Internat lassen sich die Differenzierungen und Strukturierungen besonders anschaulich beschreiben. Dies betrifft auch die gruppeninternen Bestrafungsriten, von denen Frischmuth im Kapitel *Das Wesen der Gemeinschaft* ebenso berichtet wie Wildenbruch, Szczepański oder Musil.

Hugo Dittberner: Das Internat

Der Roman *Das Internat. Papiere vom Kaffeetisch* von Hugo Dittberner (*1944) erschien 1974. Eine Neuausgabe des Romans als Taschenbuch wurde 1989 veröffentlicht. Dittberner war selbst Internatsschüler in den Jahren 1956 bis 1965. Diese biographische Angabe deckt sich mit der Bemerkung im Roman, »1956 kam ich ins Internat, 1965 verließ ich es mit dem Abitur in der Tasche« (S. 98).[5] Die vier Kapitel des Romans gruppieren sich höchst ungleich um das Schul- bzw. Internatsthema. Phasenweise verschwindet der Romantitel völlig aus dem Blick des Erzählers, von dem eingangs nicht klar ist, ob er mit dem Autor identisch ist. Bereits der zweite Satz reklamiert einen Ich-Erzähler: »Ich sitze vor dem Kaffeetisch auf dem Sofa« (S. 7). Der erste Satz besteht nur aus dem Wort Kaffeetrinken. Bevor also überhaupt über Schule und Internat erzählt wird, ist eine Situation benannt, die sich sehr schnell als Schreibsituation des Autors entpuppt. Über das Internat zu erzählen, bedeutet für den Autor Dittberner, über seine eigene Schreibsituation nachzudenken. Die Identität von Ich-Erzähler und Autor geht später dann aus den beiden Textstellen hervor, an denen sein Vorname *Hugo* genannt wird (vgl. S. 128 u. 183).

Indem der Autor seinem Arrangement des Kaffeetrinkens als Form bürgerlicher Kultur solche Aufmerksamkeit schenkt – immerhin wird dies bereits im Untertitel exponiert –, stellt sich literaturwissenschaftlich die Frage, welche Bedeutung diesem Motiv im Roman zukommt. Vom Text her gesehen kann es die Sinnentleerung einer ritualisierten Form von Geselligkeit darstellen oder die moderne Subjekt- und Ortlosigkeit des erzählenden Autors erst eigentlich erzählerisch hervortreiben. Das Kaffeetrinken bedeutet für den Autor »das Quentchen Freiheit, auf das ich aufbauen kann« (S. 71). Leitmotivisch wird diese Situation mit der Schreibsituation, die auch schon einmal als »diese verdammte Situation« (S. 80) vom Autor bezeichnet wird, gekoppelt und im Text regelmäßig thematisiert. Wirklich und folgenreich sei das Sitzen am Kaffeetisch (vgl. S. 83). Durch diese Gleichmäßigkeit der Wiederholung bekommt das Motiv eine ritualisierte Form der Benennung, die man kritisch als störend für die Internatserzählung bewerten kann, wohlwollend hingegen als besonders konsequente Art, die Kontinuität der Erzählung stets aufs neue zu brechen.

Vom Schreiben als Ritual spricht der Autor dann im dritten Kapitel mit dem Titel *Nahe beim Zentrum*. Der Anspruch des Erzählers, vielleicht ein »kleines ruhiges Stück Prosa« (S. 7) über seine Erfahrung beim Kaffeetrinken schreiben zu können, ist schon fast kokett. Denn am Ende dieses Kaffeetrinkens steht immerhin ein fertiges Buch, das nicht in der Kongruenz von Erzählzeit der Schreibsituation und erzählter Zeit entstanden sein kann. Allein dieser Hinweis genügt, um deutlich zu machen, daß sich allenthalben Fiktion im Text versteckt, obgleich der Autor ein größtmögliches Maß an erzählerischer Echtheit anstrebt. Denn es ist keineswegs ausgemacht, daß es sich bei diesem Buch um einen Roman handelt. Der Autor bewahrt eine deutliche Distanz gegenüber solchen Vorannahmen. Sensibel diskutiert er am Ende des Buchs die Frage, ob es sich um ein Tagebuch handle und wie sich das Verhältnis zwischen dem wirklich Erlebten und der Fiktion darüber gestaltet. Doch zwischendurch nennt er seinen Text ein »Erinnerungsbuch [...], das ein Roman werden soll« (S. 117).

Die Sicherheit des Erzählten wird vom Erzähler systematisch hintertrieben. Dies geht so weit, daß offensichtliche Widersprüche im Text unvermittelt nebeneinander stehen bleiben. So wird beispielsweise im ersten Kapitel von der Flucht der Schüler Rainer und Gunter berichtet. Nachts seien sie aus dem Internat entflohen, morgens werden sie schon vermißt (vgl. S. 33). Im zweiten Kapitel heißt es nun plötzlich: »Ich weiß nicht mehr, ob die beiden morgens abgehauen sind, als wir zur Schule gingen, oder bereits nachts« (S. 73). Diese vorsätzliche Leserirritation trägt dazu bei, im Lesen stets die Frage nach dem Verhältnis von Fiktion und Wirklichkeit mitzudenken. Doch letztlich lenkt diese Verunsicherung nur auf ein Thema hin: auf die Schreibsituation des Autors. Dittberner will eigentlich nicht vom Internat erzählen, dies wird nun deutlich, sondern er schreibt über sein Schreiben und in diesem Zusammenhang auch über die Prägungen durch die Schul- und Internatsjahre. Man könnte an dieser Stelle kritisch die Frage aufwerfen, ob ein Schul- und Internatstext nicht von vornherein einen hohen Grad von Dokumentarität verbürgen sollte, um bei den Lesern eine identifikatorische Lektüre zu ermöglichen? Im Ensemble der Schultexte des 19. und 20. Jahrhunderts – und um diese literaturgeschichtliche Perspektive geht es hier – nimmt Dittberners Buch jedoch einen außergewöhnlichen Platz ein, da er die nicht ausgesprochene Vorverständigung der Autoren von Schultexten aufkündigt und das Schreiben über Schule zu seiner Schule des Schreibens macht. Das ist ungewöhnlich, das hatte bis dahin noch kein Autor von Schultexten versucht und nach ihm auch keiner mehr unternommen. Wenn Dittberner überhaupt ein poetologisches Programm verfolgt, das jenseits des Biographischen bzw. des autobiographisch Erzählten anzusiedeln ist, dann könnte man ihm eine Art Poetik der Abschweifung attestieren. Im zweiten Kapitel, das sich verstärkt der Selbstreflexion des Autors widmet, heißt es:

> *Ich werde boshaft und allzu literarisch. Dabei wollte ich nur schnell vorneweg, bevor ich etwas Ernstes und Wichtiges aus dem Heimleben erzähle, mir aus dem Kopf schreiben, wie es mit den Pflichten und Freuden des Schreibens steht. Aber ich bin so weit vom Thema abgekommen, daß ich nicht nur nicht mehr weiß, was ich heute erzählen wollte, sondern daß ich auch von der Abschweifung abgeschweift bin.* (S. 85)

Schon auf der ersten Seite schweifen die Gedanken des Erzählers ab und er erinnert sich an seine Schulzeit in einem Internat, dem »evangelisch-lutherischen Schülerwohnheim in Bad Nenndorf« (S. 13) in den späten fünfziger Jahren. Von da an versucht der Roman die schwierige Balance zu wahren zwischen einfachen Schulerinnerungen eines Autors, prägenden Schul- und Internatserfahrungen, die über das individuell Erlebte hinaus einen Aussagewert haben und selbstreflexiven Gedanken, die um das eigene Ich, die Autorexistenz und das Schreiben kreisen und in der die Gegenwart des Erzählers stets eingeholt wird. Gegenwart und Vergangenheit verschränken sich im Text oft auf komplizierte Weise. Von der Erzählhaltung her gesehen bleibt dabei meist unklar, ob die Vergangenheit der Internatserlebnisse nur als Anlaß genommen wird, um über die Gegenwart des Autors zu schreiben, oder ob dessen Gegenwart dazu dient, die Vergangenheit zu erklären. Für die Figur Hugo Dittberner jedenfalls sind Vergangenheit und Gegenwart im Akt des Schreibens eine gemeinsame Zeitform. Die Fiktion des Romans, von dem nicht einmal feststeht, ob sein Anspruch auf Dokumentarität überhaupt durch die Erlebnisse in der Wirklichkeit gedeckt ist, erlaubt diese Aufhebung des Zeiterlebens. Bei keinem anderen Schul- oder Internatstext wird der Anspruch, daß die schulische Prägung in der Vergangenheit unveränderbar die Gegenwart des Erwachsenen bestimmt, erzähltechnisch so konsequent ins Werk gesetzt. Überspitzt formuliert kann man sagen, der Roman zeigt, daß ein Schüler immer ein Schüler bleibt, daß Schule also eine zentrale Form von Vergesellschaftung darstellt. Was Hugo über seine Mitschüler Rainer und Gunter sagt, die aus dem Internat fliehen, weil sie sich »nicht den Regeln der Schule beugen« (S. 28), gilt unverändert auch für ihn und illustriert sehr deutlich die Technik der zeitlichen Überblendung:

> *Es waren sehr beklemmende Tage damals, wie ich sie mir heute nicht mehr vorstellen kann, wenn ich jetzt frisch gewaschen und in frischer Wäsche an der Maschine sitze, draußen ist ein mäßig gutes Wetter mit einem hellblauen Himmel und durch leichten Dunst gefilterten Sonnenstrahlen, ein mildes Wetter und eine milde, entspannte Stimmung, in der man nur schwer begreifen kann, daß eine Situation lebenswichtig erscheinen konnte: Was ist das schon? denkt man, Kinderprobleme, jugendlicher Leichtsinn und Schwärmerei; bis sie verheiratet sind, ist alles vergessen. Aber gerade so war es nicht.* (S. 26f.)

Das zweite Kapitel wird mit der Absicht des Autors eröffnet, nun endlich ernst zu machen, früh aufzustehen und zu notieren, »was ganz früh morgens ist« (S. 43). Das hat für den Leser zur Folge, daß er vielen Erinnerungen und Gedanken des Autors begegnet, deren erzählerischer Mehrwert oft im Dunkeln bleibt und die mit der Schulgeschichte im engeren und eigentlichen Sinn nichts zu tun haben. Hier geht es dann ausschließlich um die Befindlichkeit des Autors in der Schreibsituation. Dittberner sagt von sich, er sei ein »moderner und aggressiver Autor«, der sich »nackt, geil, ohne Hemmungen, daß meine Mutter je lesen würde, was ich schreibe« (S.43), an die Schreibmaschine setzt, der marxistisch-materialistisch argumentiert und sich gesellschaftskritisch engagiert. An versteckter Stelle wird dann doch der Gestus der Betroffenheitsliteratur deutlich – oder ist auch dies ein willentlicher Spielzug des Autors? Er wolle mehr über sich und seine Träume im Heim erfahren, schreibt er (vgl. S.94). Diese Träume umfassen auch das, wovon nach Dittberner alle Schüler träumen, sich nämlich eine eigene Welt im Regelkorsett des Internats aufzubauen. Nur einem Schüler war dies gelungen, der dann auch prompt polizeilich belangt und von der Schule verwiesen wurde (vgl. S.90).

Immer wieder nimmt sich der Autor als Erzähler selbst zurück, dann weist er darauf hin, daß er Personen schützen oder ihnen nicht weh tun wolle und deshalb nicht weiter erzähle, oder er verweist darauf, daß zuviel geschehen sei, als daß er alles erzählen könne (vgl. S.57). In diesem Zusammenhang gebraucht er das Wort ›aufzählen‹ anstelle von ›erzählen‹. Dies charakterisiert sehr genau die Reihungstechnik des Romans. Geschichten werden aufgezählt, die Erzählung mündet in eine Reihung von Schulerlebnissen, stets durchbrochen durch Zeit- und Schreibreflexionen. »Ich könnte noch viel aufzählen« (S.60), schreibt Dittberner, und kein Leser weiß, ob er dem nun tatsächlich folgt oder es unterläßt. Dittberner überträgt ein Erzählverfahren auf die Gattung der Schultexte, das in der österreichischen Literatur, wie zum Beispiel bei Thomas Bernhard oder Friederike Mayröcker, zur Methode und Meisterschaft entwickelt wurde, nämlich den restlosen Verzicht auf Erzählung und Handlung. Dittberner verzichtet allerdings auf deren poetologische Radikalität. Was er über Fontanes *Effi Briest* notiert, ließe sich auch kritisch gegen seinen eigenen Text wenden. »Schweigen im Schwatzen. Literatur für wenige. Rätsel« (S.68). Und daß er beispielsweise eine Episode wie die Klassenfahrt nur andeutet, dann aber die Erzählung mit dem Hinweis, er habe keine Lust, darüber zu berichten (vgl. S.76), abbricht, fördert nicht gerade das Leservertrauen in eine Erzählerkompetenz. Dies ist aber Teil von Dittberners Erzählspiel. Vom Ende des Jahrhunderts aus betrachtet, kann man darin bereits die Anfänge eines postmodernen Erzählverfahrens erkennen. Der Autor selbst hält die Entscheidung darüber, ob das Beschriebene und Erzählte Fiktion ist oder verbürgtes Erlebnis, willentlich offen: »ich bin mir nicht sicher, ob ich von nun an noch wahrheitsgemäß erzähle – wie das so ist bei solchen Geschichten« (S. 58). Und an anderer Stelle ist zu lesen: »Ich habe lange überlegt, ob ich es aufschreiben soll – und ob ich es wahrheitsgemäß aufschreiben will, denn es gibt Leute, denen tut die Wahrheit weh. Und in manchen Dingen tut sie allen weh. Deshalb weiß ich nicht, ob ich bei der Wahrheit bleiben werde« (S. 106). Diese Bemerkungen des Autors setzen aber voraus, daß er bislang ›wahrheitsgetreu‹ berichtet hat, – doch was ist in der Literatur Wahrheit? Und welche Dichtung ist schon der Wahrheit verpflichtet? Seit Platons Zeiten hallt der Ruf durch die Literaturgeschichte, Literatur lüge, und wenn sie behaupte, sie erzähle die Wahrheit, sei auch dies eine Lüge. Aber in Dittberners Wahrheitsunschärfe drückt sich ein poetologisches Programm aus, der Verzicht auf eine Sicherheit und Wahrheit verbürgende Erzählinstanz spiegelt die Fragmentarisierung und Ortlosigkeit des modernen Subjekts wider. Wenn es das Modell eines einheitlichen Ichs in der Moderne nicht mehr gibt, dann kann es auch keine Erzählerfiktion geben, die diese Einheit suggeriert. Ob dies mit dem literaturwissenschaftlichen Schlagwort der ›Neuen Subjektivität‹ sinnvoll beschrieben ist, scheint daher mehr als zweifelhaft. Der Autor werde »in der Zeitung schon unter ›Neuer Subjektivität‹ verramscht« (S. 127), empört sich Dittberner im Roman. Förmlich »zusammengeschlagen« (S. 160) fühlt er sich durch diese Etikettierung. Wie Ironie muß es ihm erscheinen, inzwischen in einer gängigen Literaturgeschichte neben Hans-Christoph Buch und Roman Ritter als wichtigster Vertreter der ›Neuen Subjektivität‹ und deren Verfechter in der Literatur der siebziger Jahre in Anspruch genommen zu werden.[6] Dittberners Zeitgenossen wünschen zwar eine sich erregt gebende und politisch kritische Literatur, wie sie etwa die Tagebuchform gewährleisten könnte. Doch der Autor stellt im vierten Kapitel die entscheidende Frage: »Wie viel gefährlicher und ehrlicher ist eine Fiktion? Denn ins Tagebuch schreibt man nicht alles, obwohl man es vorgaukelt« (S. 169). Er entscheidet sich für einen fiktiven Tagebuchroman oder eine tagebuchartige Romanfiktion. »Ich erscheine mir als einer, der fast völlig in der Fiktion verschwunden ist, und schreibe eine verständliche und randscharfe Geschichte auf, die so nur in der Fiktion vorkommen kann« (S. 179). Das sagt

Dittberner, nachdem er in diesem Kapitel eine kurze Erzählung eingeschoben hatte, wie er sie nennt »eine ganz konventionelle Geschichte« (S. 171). Und in der Tat, diese Erzählung mit dem Titel *Ankunft einer Ausnahme* ist, was die sprachlichen Mittel betrifft, ausgesprochen traditionell. Wäre der gesamte Roman in dieser Diktion geschrieben, hätte Dittberner einen Schultext im Stil des 19. Jahrhunderts vorgelegt. Die Entgegensetzung von unkonventionellem Erzählstil der übrigen Episoden und dieser eingeschobenen herkömmlich erzählten Geschichte zeigt deutlich, daß Schultexte im 20. Jahrhundert, zumal nach 1968, anders ausfallen und anders erzählt werden müssen.

Dittberners Gedichtband *Passierscheine* (Bergen 1973), der im *Internat* erwähnt wird und der soeben erschienen sei, bringt die Zeit der Entstehung und Niederschrift des Textes in Erinnerung. Man sieht also unschwer, daß Dittberner hier mit einem tradierten Verständnis von Fiktionalität und Wahrheit spielt. Dies mag wiederum als Koketterie ausgelegt werden, so zum Beispiel dann, wenn er in einer Nebenbemerkung schreibt, er wolle den Namen eines Lehrers nicht preisgeben, da dieser sonst einen Herzschlag bekomme, wenn er dies lese. Oder wenn er an anderer Stelle immer wieder seine ehemalige Jugendfreundin Maud direkt anredet, als sei der Roman ein Tagebuch oder ein an sie gerichteter Brief. Man sollte aber nicht verkennen, daß Dittberner mit der Wirklichkeit und ihrer scheinbar unverbrüchlichen Ereignishaftigkeit spielt, er entlädt sie ihres Eindeutigkeitskitsches, indem er ja offen läßt, ob es sich überhaupt so und nicht anders ereignet hat. Dittberners Schreibinteresse ist also ein völlig anderes, als dasjenige der anderen Autorinnen und Autoren von Schultexten. Doch seine Erfahrungen mit Schule und Internat decken sich mit den in den Schultexten anderer mitgeteilten Beobachtungen und Erfahrungen. Der Verlust von Intimität, Individualität und Sozialfähigkeit ist in der Lesart seines Romans das markanteste Ergebnis der Schulerziehung im Internat.

Als der Name Robert Walsers fällt (vgl. S. 121 u. 179), ist man als Leser von Schultexten versucht, nach Spuren des *Jakob von Gunten* zu suchen. Aber Dittberner erwähnt nur Details aus Walsers letzten Lebensjahren. Fast drei Jahrzehnte seines Lebens hat Walser in psychiatrischen Anstalten zugebracht. Er gilt dem Autor als Beispiel eines Zwangscharakters. Und zu eben dieser Charakterbildung erziehe auch das Internatsleben mit seinen Zwängen zur Regelmäßigkeit, mit den alltäglichen Ritualen, mit den Instanzen und Apparaturen von Überwachen und Strafen. Im Ergebnis erzeuge es entweder die gebrochene Persönlichkeit mit allen desaströsen Folgen, wie sie etwa Hesse in *Unterm Rad* beschrieben hat, oder die angepaßte Person, die sich unauffällig durchs Leben schleicht. Wie Dittberner scharfsichtig beobachtet, läßt die Gleichmäßigkeit im Internatsleben und der unbedingte Regelgehorsam viele Schüler Polizisten und Soldaten werden, »wenn nicht berufsmäßig, so im Privatleben oder auf der Straße, hinter dem Fenster und sonntags auf dem Ausflug« (S. 122).

Natürlich spielt auch im *Internat* das Thema Sexualität eine Rolle, und ebenso wie bei Frischmuth proben auch bei Dittberner zwei Jungen, Hugo und Gunter, das Küssen (vgl. S. 16). Offen spricht der Autor das Thema Masturbation an und berichtet von Mitschülern, die »zueinander in die Betten krochen und uns einen runterholten oder gar echten homosexuellen Kontakt hatten« (S. 21). Ob es die Situation der Jungengruppe ist, Neugier oder die Angst der Erzieher, welche homosexuelle Neigungen befördert, läßt Dittberner offen. Ähnliches liest man auch bei Winsloe, Frischmuth und Reinig über Mädcheninternate. Und seit Musils *Törleß* ist dieses Thema ja elementarer Bestandteil der Internatstexte. Entscheidender als diese ›standardisierten‹ Themen ist für Dittberners Roman, daß der Autor Prägungen ausführlich beschreibt, denen Internatsschüler unterworfen sind und die sie als emotionale, psychische und charakterliche Verbiegungen erfahren. Die unmerkliche Änderung von Bewußtseins- und Verhaltensformen bei den Schülern ist das, was Dittberner der Schule bzw. dem Internat anlastet. Erziehung bedeutet in dieser Perspektive schleichende, unumkehrbare Manipulation. Dies zeigt sich etwa bei der Empfindlichkeit gegenüber Abschieden. Alle drei Wochen fährt Hugo am Wochenende nach Hause (vgl. S. 55). Schon bald steht wieder die »Abschiedszeit« (S. 59) an, vom Schmerz beim Abschied von der Mutter ist die Rede. Internatsleben heißt, permanent Abschied nehmen. Selbst der Abschied vom Internat nach dem Abitur fällt schwer; das Internat ist – mit allen Ambivalenzen – auch ein Zuhause für die Schüler (vgl. S. 123). Dem Internat sind Aufenthalte im Kinderhort, Kindergarten und in Kinderheimen vorausgegangen. Dittberner ist ohne Vater aufgewachsen und scharfsichtig analysiert er, daß das Internat ihm beides ersetzen mußte, Mutter und Vater (vgl. S. 191).

Dittberner traut sich zu, die Prägungen eines Internatsschülers an seiner eigenwilligen Kommunikationshaltung und an seinem abweichenden Sozialverhalten sofort zu erkennen. Der ›Internatler‹ vermeide Reibungen, gehe Konflikten aus dem Weg aus Angst, es gebe einen Stärkeren, habe eine kontrollierte Körperhaltung, ein selbstgebändigtes Gebärden- und Mienenspiel. Seine Verhaltensdevise laute: kein Aufhebens machen, unauffällig bleiben, träumen anstatt zu leben, Traumwelten aufbauen und Gegenwelten konstruieren. Das ist neu in der Literatur der Schultexte, daß ein Autor so differenziert diese Prägungen durch die besondere Schulform des Internats beschreibt. Die reibungslose Anpassung, zu der man durch die Heim- und Schulerziehung gezwungen werde (vgl. S. 111), würde die zivilisationstheoretische Einsicht von Norbert Elias bestätigen, wonach Zivilisierung oder Erziehung die kontinuierliche Einübung in die Umwandlungsprozedur von Fremdzwang in Selbstzwang bedeuten. Am Ende der Schulzeit ist dieser Prozeß erfolgreich abgeschlossen, der Schüler bleibt der Schüler.

Dittberner beschreibt weitere Verhaltensauffälligkeiten: Internatsschüler gingen ungern in Diskotheken oder Tanzbars, da sie sich dort »irgendwie nicht zuhause« (S. 120) fühlten. Internatsschüler seien eine besondere Spezies von Nesthockern. Die Konditionierung durch das Internatsleben erzeuge Zwangscharaktere. Gegen diese »Kraft des genau geregelten Tagesablaufs ist auf die Dauer kein Kraut gewachsen« (S. 181). Der geregelte Tag ist das Ergebnis der täglichen Regel. Man werde als Internatsschüler »raffgierig« (S. 132), dürfe nie Zeit verlieren, alles müsse in einem kurzen Zeitraum bewältigt werden, »man muß die Freiheit genießen« (ebd.), auskosten bis zur Neige. Das sind die Erfahrungen des Internatsschülers an seinen Wochenendheimfahrten. »Regelsensibel und gerechtigkeitsliebend« (S. 124) werde man im Internat erzogen, sensibel sei der Internatsschüler und differenziert sein Beobachtungsvermögen für das, was gelogen und ungerecht sei in der Welt (vgl. S. 131). Er sei nie gezwungen, aktiv zu sein, er könne Menschen stets aus einem großen Angebot auswählen und müsse sich nie für den einzelnen Menschen entscheiden (vgl. S. 145). Das Recht des Stärkeren diktiere den Alltag und mache den Internatsschüler unfähig zur Konfliktaustragung (vgl. S. 155). Der »Mangel an privatem Raum« (S. 155) führe zu völligem Selbstverzicht oder zu einem extremen Individualitätsbedürfnis. Im Heim werde man abgeschliffen (S. 189), das Internat biete nur ein synthetisches Leben (vgl. S. 191). In diesem Zusammenhang ist der Wechsel bezeichnend, den Dittberner bei der Benennung des Internats vollzieht. Nicht mehr von Schule oder Internat ist nun die Rede, sondern von Heim, ja von »Scheißheim« (S. 187). »Aber verdammt – es tut mir heute noch weh, [...] daß ich artig war und diese miesen Allgemeinplätze christlicher Erziehung apportiert habe wie ein treuer Hund, wenn eine Bestrafung drohte« (S. 143). Am Ende steht der Ratschlag für Eltern, ihre Kinder allenfalls nur für ein Jahr in Internate zu geben, sonst lernen sie nicht, dauerhafte soziale Kontakte aufzubauen (vgl. S. 195).

Den langen Atem zum großen epischen Wurf hat Dittberner nicht. Das ist auch nicht seine Schreibabsicht. Nicht von ungefähr weist er am Ende des Romans darauf hin, daß er noch niemals vollständig Musils Roman *Der Mann ohne Eigenschaften* gelesen hat, der als einer der umfangreichsten und manchen als einer der anstrengendsten Romane des 20. Jahrhunderts gilt. Der Kaffee ist nun ausgetrunken, diese Symbolik ist erschöpft, Dittberners Roman nähert sich dem Ende. Damit kehrt der Autor zu seiner Ausgangssituation des Schreibens zurück und thematisiert auch dies: Wie kann man einen Text ohne Qualitätsverlust beenden? »Wie kommt es, daß gute Bücher am Ende so leicht abschlaffen? und jetzt droht es mir ebenso zu gehen. [...] Warum kann ich nicht in Ruhe einen Roman schreiben, diese Papiere zu einem richtigen, abgerundeten, leicht lesbaren und Vergnügen und Denkvergnügen bereitenden Roman ausarbeiten? Wäre das nicht eine Lüge, heutzutage?« (S. 193). Man ist versucht zu fragen, wer ihn daran hinderte.

Christa Reinig: Die ewige Schule

Die Erzählung *Die ewige Schule* von Christa Reinig (*1926) ist 1982 in dem gleichnamigen Erzählband erschienen. Reinig ist durch ihr engagiertes feministisches Schreiben der vergangenen beiden Jahrzehnte und vor allem durch ihren Roman *Die Entmannung*

(1977) bekannt geworden. *Die ewige Schule* gehört unmittelbar zu Christa Winsloes *Mädchen in Uniform*. Der Text ist eine Mischung aus biographischem Essay, Rollenprosa und Erzählung. Auf drei unterschiedlichen Ebenen werden diese verschiedenen Erzählhaltungen inszeniert.

Die erste Ebene betrifft die reale, historische Person Christa Winsloe, für deren Leben und Werk, für deren literaturgeschichtliche Nichtbeachtung sich Reinig interessiert. Auf der zweiten Ebene entwickelt Reinig ihre Rollenprosa. Sie phantasiert sich in die Person Christa Winsloe, die sie nochmals an den Ort ihrer Schule führt und mit der sie noch einmal einige Schulszenen miterlebt, gebrochen durch Hinweise, Eindrücke, Mitteilungen und durch Assoziationen zur Verfilmung von Winsloes Roman. Die dritte Ebene betrifft eine Schülerin Manuela und eine Lehrerin Bern, die wiederum einige zuvor beschriebene Szenen zwischen Manuela alias Winsloe und deren Lehrerin von Bernburg als ihr eigenes Leben nacherleben oder abweichend erleben. Deutlich ist hier zu erkennen, daß die Autorin Reinig die Ebene der Figuren Manuela und Bern auch mit autobiographischen Eindrücken gestaltet.

Die erste Ebene eröffnet den Text. Christa Winsloe besucht in der literarischen Fiktion der Autorin Reinig nach zwanzig Jahren ihr ehemaliges Internat, das Kaiserin-Augusta-Stift. Die Schule empfindet sie als »mischung aus klinik und gefängnis, in der die leiden der kindheit geheilt und die verfehlungen des lebens im voraus abgebüßt werden sollen« (S. 66).[7] Die Lehrerin, in die sich Winsloe verliebte, hieß Fräulein von Wallenberg, in Winsloes Roman ist es Fräulein von Bernburg. »Christa«, so schreibt Reinig in ihrer Erzählung, »legte den kopf in den schoß des fräuleins [...]. Laut sagt sie: ›Ich liebe Sie.‹ Fräulein von Wallenberg sagt leise: ›Es ist gut, daß du nun bald gehst.‹ Christa steht auf und geht« (S. 67). Am Ende der Erzählung wird Manuela ihrer Lehrerin Elisabeth Bern im Klassenzimmer begegnen und sagen: »›ich liebe dich doch‹. Elisabeth antwortet: ›Ich liebe dich auch.‹ – ›Das ist nicht wahr‹, sagt Manuela. Sie hat sich auf einen stuhl gesetzt und legt ihren kopf in Elisabeths schoß« (S. 90). Neben das Thema weiblicher Homosexualität im allgemeinen tritt das problematische, weil tabuisierte Verhältnis zwischen Lehrerin und Schülerin im besonderen, beide Themen konstituieren Reinigs Erzählrahmen.

Die zweite Erzählebene wird durch den Wechsel vom Biographischen zum Fiktionalen gebildet. Christa Winsloe heißt in ihrem Roman *Mädchen in Uniform* Manuela, die Lehrerin Fräulein von Wallenberg nun Fräulein Elisabeth von Bernburg. Allerdings setzt Reinig eine winsloekundige Leserin oder einen ebensolchen Leser voraus, da nirgends der Zusammenhang zwischen den Namen Bernburg und Elisabeth hergestellt wird, sondern beide Namen unabhängig voneinander in verschiedenen Zusammenhängen auftauchen. Christa Reinig beschreibt nicht den Roman, sondern das Theaterstück, aus dem der Roman hervorgegangen ist:

> *Es ist eine liebestragödie nicht zwischen Otto und Ottilie, sondern zwischen Manuela und Elisabeth, und in dem ganzen stück gibt es keine männerrolle, keinen mann, an den eine der beiden tragödinnen zum happy end vermählt werden könnte. Deutschlands theaterpublikum gebärdet sich, als müsse es die Weimarer Republik gegen das Kaiserin-Augusta-Stift verteidigen. In wirklichkeit übergeifert es den doppelten tabubruch der handlung, die liebe zwischen zwei menschen gleichen geschlechts und die liebe zwischen lehrer und schüler.* (S. 72)

Reinig meint die Liebe zwischen einer Lehrerin und einer Schülerin. Dieses Beispiel der Differenz zwischen grammatischem Geschlecht und dem biologischen bzw. sozialen, wenn man die neueren Genus-Theorien hinzunimmt, lenkt den Blick kritisch auf ein besonderes Problem der Erzählung. Reinig propagiert ausgesprochen und unausgesprochen im Text eine hohe sprachliche Sensibilität für politische Herrschaftsverhältnisse. Dies zeigen auch die sprachlichen und typographischen Besonderheiten des Textes. Alle Wörter werden konsequent klein geschrieben, mit Ausnahme der Eigen- und Ländernamen sowie der Anrede in der dritten Person Singular. Welche Absicht sich dahinter verbergen mag, ist nicht nachzuvollziehen. Als avantgardistisch jedenfalls kann dies nicht gelten, da die genannten Ausnahmen einen möglichen experimentellen Grundanspruch unterlaufen. So baut die Autorin auf der Ebene der sprachlichen Darstellung eine Erwartung auf, die sie inhaltlich nicht einzulösen vermag.

Den Wechsel zur dritten Erzählebene vollzieht die Autorin, indem sie zunächst allgemeine Überlegungen zur Erziehung und zum Verhältnis von Erwachsenen und Kindern anstellt. Ein Lehrer müsse, schreibt sie, ein Kind lieben, damit es ihm vertrauen könne. Mädchen würden an jeder Schule durch die Jungen unterdrückt. Und homosexuelle Kinder würden diffamiert, wobei Reinig ausdrücklich offenläßt, ob diese Diffamierungen geschlechtsspezifisch sind. Dann erfolgt der unmittelbare Sprung in die Gegenwart und damit auf die dritte Erzählebene. Manuela lebt im Zeitalter der Emanzipation und wird »alltäglich von den jungen getestet, ob ihre möse nicht bald bumsbar ist, und ihre mit-mädchen, die schon heruntergebumst sind, verachten sie auch noch dafür, daß noch kein mann über sie hinweggestiegen ist« (S. 73). Die Jungen nennen die Lehrerin Elisabeth Bern »die tiefkühltruhe mit spezialfach zur schwanzvereisung« (S. 75) und bringen damit ihre Ablehnung gegenüber der bei Frau Bern vermuteten Homosexualität zum Ausdruck. Martin ist der Kopf dieser Jungen, er ist das Haupt des Kleinstpatriarchats im Klassenzimmer. Die Schule ist für die Jungen der Ort des Trainings patriarchaler Verhaltensmuster und Redeweisen.

Über ihre Lehrerin schreibt Manuela einen Brief an ihren in Mexiko lebenden Vater: »Lieber papa! Ich finde, die welt ist ganz schön beschissen eingerichtet. In unserer schule ist die kacke am dampfen. Die beknackten lehrer haben nichts als pisse im kopf. Besonders die neue mathelehrerin ist die letztunterste kotze. Aber ich bleibe am ball. Das ist ein eid, geschworen von deinem alten arschloch Manuela« (S. 82). Der Brief ist so plakativ jugendsprachlich geschrieben, damit Manuela die Anerkennung durch ihre Klasse erfährt. Daß sie auch anders schreiben oder sprechen kann, zeigt sie in einem Gespräch mit ihrer Lehrerin, worin sie dieser gegen ihre eigenen Gefühle erklärt, daß sie Elisabeth Bern hasse. Die Erzählentwicklung spitzt sich daraufhin weiter zu. Manuela wird zu einem Mädchengeburtstag eingeladen. Plötzlich sagt sie zu den Mitschülerinnen, »die Bern hat mich entjungfert« (S. 89), ein Vorrecht, das bisher nur der Mitschüler Martin für sich in Anspruch genommen hatte. Ob es Prahlerei ist oder Folge ihrer Trunkenheit, ob Leichtsinn oder Unbedarftheit läßt der Text offen. Kurz darauf wird gegen die Lehrerin ein Disziplinarverfahren eingeleitet. Manuela hat ihre Lehrerin denunziert. Doch die Erzählung sucht eine glückliche, zumindest harmonische Lösung. Manuela und Bern treffen sich allein im Klassenzimmer und gestehen sich ihre Liebe. Anders als Manuela und Bernburg bei Christa Winsloe haben Manuela und Bern bei Reinig eine gemeinsame Zukunft. Die Utopie stemmt sich gegen die Wirklichkeit.

Weibliche Homosexualität und Ökonomie werden von Reinig als genuine Themen der Schultexte weitergeführt. So heißt es am Anfang schon: »Die schule ist keine kaserne mehr, sondern ein großraumbüro, und die kleinen angestellten haben bereits gehaltsforderungen erhoben« (S. 73). Präziser kann man wohl kaum den Wertewandel in einer postmodernen Gesellschaft beschreiben. Doch läßt Reinig dieses Motiv sofort wieder fallen, ihr geht es in *Ewige Schule* ausschließlich um weibliche Homosexualität. Die Problematik von lesbischer Liebe zwischen Lehrerin und Schülerin oder zwischen zwei Schülerinnen literarisch zu gestalten, hat sich nach Winsloes Roman keineswegs erledigt. Christa Reinig steht hier in einer literarischen Reihenbildung, die im nicht deutschsprachigen Ausland vor allem durch die Werke *Bittersüß* (1977, dt. o.J. [1981]) von Gisèle Bienne und *Die seligen Jahre der Züchtigung* (1989, dt. 1996) von Fleur Jaeggy vertreten ist. Bei Christa Reinig wird der Schultext zum Medium der Patriarchatskritik, die als Geschlechterkritik stets eine Kritik an Macht- und Herrschaftsverhältnissen zwischen Mann und Frau bedeutet. In sprachlicher Drastik und thematischer Deutlichkeit reicht damit ihre Erzählung *Die ewige Schule* durchaus an Elfriede Jelineks Arbeiten heran. Dahinter nur Satire oder schwarzen Humor zu vermuten, griffe zu kurz und würde letztlich eine Entpolitisierung dieses Schultextes bedeuten.

Stefan Tomas: Knieriesen

Knieriesen (1992) ist der dritte Roman von Stefan Tomas (*1943). Der Autor überrascht den Leser gleich auf der ersten Seite. In einem auf die Seitenmitte zentrierten Blocksatz, mit Fettdruck und Kleinschreibung, die nur zum Satzbeginn aufgehoben wird und in dieser Form an die Rechtschreibung in Christa Reinigs Schulerzählung erinnert, findet sich rechts am Rand der ersten Seite die Schwarzweißabbildung des verschnürten Jesuskinds von Pietro di Giovanni d'Ambrogio aus dem 13. Jahrhundert. »Beim anblick des einbandagierten säuglings rufen wir noch nach 700 jahren: das bin ich ja!

Aufgeschient« (S. 5).[8] Der Wechsel vom kollektiven Ich (»wir«) zum individuellen (»ich«) ist charakteristisch für die Erzählhaltung von Tomas. Was als Ich-Aussage gestaltet wird, gewinnt sofort einen Allgemeinheitsanspruch und umgekehrt, was allgemeingültig formuliert ist, kann oft den ausschließlich individuellen Aussagewert nicht verleugnen. Zu deutlich führt die persönliche Auseinandersetzung mit dem eigenen Schulschicksal gelegentlich die Hand des Autors, doch verleiht dies dem Buch insgesamt auch seine Glaubwürdigkeit: Hier hat einer erlebt, worüber er so engagiert und phasenweise zornig und wutentbrannt schreibt. Verbürgte Authentizität ist auch der Charakter dieses Schultextes, und am Ende des knappen historischen Überblicks über die Schultexte im 20. Jahrhundert wird erkennbar, daß sich dieses literarische Genre kaum eignet, um unbeschwert fiktional zu fabulieren. Es gibt bei den Schultexten keine Rollenprosa.

Das Bekenntnis des Autors Tomas lautet, »ich verzeihe nicht nur nicht – ich verachte alle verzeiher« (S. 8). Damit ist klar ausgesprochen, was den Leser erwarten wird, eine Abrechnung mit der Schul- und Internatszeit des Autors, mit »fünfeinhalb Jahre[n] Verdumpfung, Verdunklung« (S. 203). Schule ist bei Tomas der Ort lebenslanger Stigmatisierung, dem Schüler haftet ein unaustilgbarer Makel, ein Kainsmal, ein Brandstempel, ein Schandzeichen an, so die Worte des Autors (vgl. S. 187). Was bei Tomas avantgardistisch, ja intermedial beginnt, endet allerdings eher konventionell, dies aber höchst gekonnt, und führt durch stilistische und erzählerische Untiefen. Schon das zweite der nicht durchgezählten Kapitel kehrt zur herkömmlichen Typographie und Rechtschreibung zurück. Der Ich-Erzähler, der sich als eingeschnürtes Jesuskind wiedererkannt hatte, weicht nun einem personalen Erzähler. Es wird über Julian berichtet, der in ein Internat in der Eifel geschickt wird. Obgleich Tomas' Internatsgeschichte wie Dittberners Roman in der unmittelbaren Nachkriegszeit spielt, versucht er die Gegenwart und damit die Zeitlosigkeit seiner Themen durch das Erzähltempus des Präsens zu bewahren. Erst Benjamin Lebert wird mit seinem Roman *Crazy* die Annäherung zwischen Erzählzeit und erzählter Zeit noch weiter und radikaler vorantreiben. Insofern knüpft Tomas an Dittberners Erzählverfahren an, ohne allerdings in das Tempus des Historisierens zu verfallen. In Tomas' Roman gibt es keine Vergangenheit, da selbst die erlebte Vergangenheit Gegenwart ist. Tomas war selbst Schüler im Franziskanerheim in Euskirchen, wo auch die Geschichte dieses Internatstextes spielt. »In Euskirchen soll Julian entsorgt werden. Hinter den Mauern dieses Internats in der Eifel soll er verschwinden« (S. 9), mit diesen Worten beginnt das zweite Kapitel. Julians Mutter, eine Kriegerwitwe, fühlt sich mit ihrem Sohn überfordert und schickt ihn ins Internat. Unter dieser Familienamputation, so das Wort des Autors (vgl. S. 12), leidet Julian. Um so schmerzlicher ist für ihn die Erfahrung, daß sich die Mutter selbst in der Distanz zu ihrem Sohn der Zuneigung verweigert. Von der »Rätselmaske« (S. 108) der Mutter spricht Tomas. Julian schreibt einen Brief an die Mutter, der auf der Erzählebene der Brief des Erzählers und damit das Buch des Autors ist. »Die Falten dieses Papiers sind meine zusammengeknickten Knie. [...] Ich krieche vor dir. Ich mache alles für dich. Ich fühle mich als Wurm. Hol mich hier raus! [...] Sie haben mich entmenscht. [...] Was habe ich getan?« (S. 108). Der Internatsaufenthalt wird von Julian wie vom Autor als Bestrafung erfahren. Die Mutter ist eine »Steinfigur« (S. 123), die ihren Sohn lebensuntauglich und liebesunfähig haben möchte. Am Ende dieses Kapitels kommentiert der Erzähler, es sei ihr gelungen (vgl. S. 124). Der Prozeß der Resignation beginnt und mit ihm die Verkörperlichung des Leidens (vgl. S. 127 ff.). Doch anders als bei Hesses Hans Giebenrath leidet Julian nicht unter Kopfweh und Nervenzusammenbrüchen, sondern er hat zeitweilige Lähmungen, er kann dann seine Beine nicht mehr bewegen. Die Möglichkeiten der Flucht oder des Aufrechtstehens sind ihm damit benommen. Diesen an sich wenig humoristischen Grundkonflikt versucht Tomas anfangs mit einer bemühten Ironie sprachlich noch zu steigern, doch mit einer fatalen Wirkung. Die Ironie treibt die psychischen Spannungen Julians nicht noch weiter hervor, sondern stellt sie der Lächerlichkeit anheim. Im Laufe des Romans gibt Tomas die Erzählhaltung der Ironie auf, und in diesem Augenblick gewinnt sein Text auch an erzählerischer Prägnanz und Wortgewaltigkeit. Wenn Tomas wie zu Beginn seines Romans versucht, sich stilistisch der Alltagssprache oder gar der Jugendsprache zu nähern, dann ist dies wenig überzeugend, denn zu offensichtlich ist der Versuch des Autors, sich sprachlich auch über die wörtliche Rede hinaus seiner Figur anzupassen. Erst Benjamin Lebert wird hier mit seinem Schul- und Internatsroman

Maßstäbe setzen. Wenn zum Beispiel Falten der Zerrüttung in ein Gesicht ›gerüffelt‹ werden und durch ein Kaktustal ›gepeest‹ wird, wenn dialogische Verlegenheit mit ›ähs‹ markiert und das Wort ›Reizüberflutung‹ mit einem ›Reizüberwas‹ nachgefragt wird (vgl. S. 16f.) und so fort, dann ist all dies weniger Kennzeichen einer souveränen Handhabung von sprachlichen Mitteln und Ausdrucksformen, als vielmehr ein wenig überzeugender Versuch, dokumentarischen Wert und sprachliche Direktheit in den Dialogen zu installieren. Doch der direkte Dialog ist die Stärke des Autors nicht, das Buch lebt vielmehr von der Kraft der Erzählung. Im Erzählerischen entfaltet Tomas eine Sprachgewalt, die der Drastik seines Themas und der Dringlichkeit von Julians Leiden entspricht. Durch einen parataktischen Satzbau gelingen ihm Passagen höchster Dichte und erzählerischer Spannung, die keinen Zweifel daran lassen, daß hier im ›Modell‹ des Internats als Form komprimierter Schule die Keimzelle allgemeiner gesellschaftlicher Machtstrukturen, Verhaltensweisen und Kommunikationsformen zu suchen ist. Unter der Wucht des erzählerischen Engagements des Autors leidet zwar zuweilen die differenzierte Analyse, doch werden Gruppenstrukturen und Machtbeziehungen ungeschminkt beim Namen genannt. So entfaltet Tomas regelrecht einen Katalog mehrerer Ebenen gruppeninterner Machtordnung. Wer neu in eine Gruppe eingeführt wird, dem begegnet zunächst ein »Fremdenführer« (S. 24), der sich als Verführer herausstellen wird. Denn die Initiation in die Gruppe bedeutet unweigerlich, der Abfuhr von Gruppengewalt zu dienen. Die Mächtigen zeigen sich schwach, die »Ranghöchsten« (S. 36) hilfreich. Der neue Schüler wertet dies fälschlicherweise als Hilfsbereitschaft oder Unterwürfigkeit. In Wirklichkeit geht es der Gruppe darum, auf diese Weise einen ›Sündenkatalog‹ entstehen zu lassen, der schließlich die Gewalt gegen den Neuen legitimiert und damit die ursprüngliche Hierarchie der Macht innerhalb der Gruppe wiederherstellt. »Das Wichtigste bei den Insassen ist ihr Rang. Genau diesen geben sie dem Neuling nicht preis« (S. 36). Das Erraten des Rangs bedeutet in der Gruppenwahrnehmung einen Verrat an den bestehenden Machtverhältnissen. Julian verletzt »die komplizierten, unsichtbaren Regeln, tölpelt in abgesteckten Revieren, reißt Distanzzäune nieder, steht zur falschen Zeit an den falschen Orten [...] So lädt er ein Vergehen nach dem anderen auf sich« (S. 37).

Gruppe bedeutet Macht, Individualität heißt Machtlosigkeit. Ohne Gruppe können sich auch keine Machtstrukturen ausprägen. Das Internat befördert diesen Prozeß, ja es erzwingt förmlich den Zustand der Gruppenbildung und des Ichverlusts. »Der exerzitant depersonalisiert sich derangiert sich entaktualisiert sich« (S. 107).

Die gruppeninterne Machthierarchie wird durch eine gruppenexterne erzwungen. Die Kleiderordnung (vgl. S. 41 ff.) des Internats verbietet Lederkleidung, T-Shirts und Jeans. Sie zielt auf die Uniformierung der Schüler, im Gleichmaß der Bekleidung sind sie als Objekte regelgestützter Macht zu identifizieren: »Für jeden draußen sind die Internen sofort an ihrer körperverhöhnenden Kleidung erkennbar. Für jeden draußen schlurft da eine Herde entstellter Unwesen vorüber« (S. 42). Die Uniform, die Anstaltskleidung stellt den Internatsschülern täglich den Verlust ihrer Individualität vor Augen. Tomas resümiert: »Was alle bestrafungsrituale und moralischen knickversuche nicht bewirken konnten: die umkleidung hat es geschafft« (S. 50). Zur Uniformierung gehört auch der verordnete Haarschnitt. Die Schüler empfinden dies als einen weiteren Versuch, sie von der (Außen-)Welt gewaltsam abzusondern. Die Entmündigung zielt auf die restlose Kasernierung der Schüler, jedwede Möglichkeit zu Außenkontakten soll unterbunden werden. So wird der Warenverkehr mit Spielgeld geregelt (vgl. S. 54), Briefe unterliegen der Zensur (vgl. S. 55 f.), und eine penible Zeitordnung spiegelt die Ordnung der Macht im Internat wider. »Es gibt kein Entrinnen. Jeder Zögling wird in jeder Situation sekundengenau eingegongt« (S. 57). Die Einhaltung der täglichen Ordnung, die auf den Ordensregeln der Mönche beruht, »ist vollkommen unbefragbar, weil sie auf vollkommener Willkür gründet« (S. 58).

Die Durchsetzung der gruppeninternen wie der gruppenexternen Hierarchien geschieht durch körperliche Gewalt. Nicht nur die Schüler schlagen sich untereinander, auch die Patres erziehen mit Gewalt. Die Rangordnungen unter den Schülern werden gewaltsam ausgetragen. Tomas berichtet von einem besonders krassen Beispiel eines Rangordnungskampfes. Julian wird zunächst vom Stärksten der Gruppe verprügelt, bevor er dann, schon verletzt am Boden liegend, die Gewalt einzelner Gruppenmitglieder über sich ergehen lassen muß. Der Versuch Julians, sich Eigenständigkeit zu bewahren, scheitert kläglich:

Und merk dir das und paß auf und hör gut zu und behalte dieses Gesicht und erinnere dich. Du bist der Dreck unter unseren Schuhen. Du wirst dich nie mehr gegen jemand von uns auflehnen. Wir reden nicht, wir winken. Wir reden nie mehr darüber. Wir winken, du gehorchst. Wir verlangen, du gibst. Ohne Worte, Widerworte. Wir zeigen, du machst. Wir können alles mit dir machen. Alles. Erinnere dich. Vergiß das nicht. (S. 87)

Danach urinieren die Jungen der Reihe nach auf Julian. In keinem anderen Schul- oder Internatstext wird die brutale Gewalt unter den Schülern so drastisch beschrieben, wie in den *Knieriesen*. Wenn Musil von Internatsschülern als den ›Diktatoren in nucleo‹ gesprochen hat, die sich in Gewalt- und Herrschaftszusammenhänge einüben, dann zeigen die Schilderungen im Roman von Stefan Tomas, daß dieses Wort nichts von seiner Aktualität eingebüßt hat. Schließlich ›kommuniziert‹ auch Julian mit seinen Mitschülern nur noch gewaltsam. Als seine Lähmungen wieder verschwunden sind, rächt er sich nächtens an Steimel, dem Anführer der Schlägergruppe. Dieser Passage fehlt nichts vom Horror schulischer Gewalt. Julian will den Tod seines Mitschülers und wird am Ende für seine Aggressivität belohnt, indem Steimel von der Schule verwiesen wird, da die Ursache seiner schweren, von Julian zugefügten Verletzungen, wegen derer er ins Krankenhaus gebracht werden muß, im Dunkeln bleibt.

Fußballspiel und Sexualität sind traditionelle Felder der Machtinszenierung in Jungeninternaten. Durchaus zwar lustbesetzt, doch ist auch diese Lust gesteuert durch die Apparaturen der gruppeninternen Hierarchien (vgl. S. 100). Die »hartgesottene[n] Schläger kuscheln sich nachts an Jungen, die sie tagsüber herumtreten, pressen Küsse auf deren angststarre Lippen, wollen über die Haare gestreichelt sein« (S. 120). Diese scheinbare Umkehrung der Macht dient letztlich nur wieder der Festigung der Tageslichtherrschaft. Denn es sind erzwungene Körperkontakte, genötigt, abgepreßt, gewaltsam inszeniert. »Wer Signale echter Zärtlichkeit aussendet, wird brutal zurückgestoßen« (S. 167). Kollektive Masturbationsrituale dienen unter vermeintlichem Verzicht auf homosexuelle Implikationen der Stärkung der Gruppenhierarchie, sie sind zwanghaft und lustlos. Tomas schreibt über die Sexualität der Jungen: »Der ganze Palast ihrer Sinnlichkeit soll durch das Nadelöhr ihres Samenleiters. Die haßdiktierte Trennung von Gefühl und Fleisch – Kernbotschaft der Internatserziehung – wird befolgt, wird vertieft, wird für immer in den Leib versenkt« (S. 171). Nicht nur sexuell entwickeln diese Internatsschüler die Technik der Ersatzhandlung (»Spritzsprinter sind kaum das Ideal einer Frau«, S. 170), auch emotional verkümmern die Jungen, sie sterben den »langsamen gefriertod« (S. 192).

In einem der letzten Kapitel tritt dann plötzlich ein Ich-Erzähler auf und benennt die schwerste Deformation, welche die Schüler im Internat erfahren können, die soziale Kommunikationsunfähigkeit: »Die phantasie ohne sinnliche erfüllung führt zum geistigen verfall. Nun erst merke ich wie ich verlernt habe mit menschen zusammen zu sein« (S. 190). Weiter zwischen Julian, dem Erzähler und dem Autor unterscheiden zu wollen, ist spätestens von dieser Textstelle an unmöglich, alle drei Figuren und Erzählinstanzen sind eins. Die Frage »wer bin ich« (S. 193) des Ich-Erzählers, mit der er das vorletzte Kapitel eröffnet, kann demnach vom Ende des Romans her beantwortet werden. Dieses Ich ist ein ›Knieriese‹, das Ich ist – so die erschreckende Erkenntnis des Buchs – ein Wir. Der Text im letzten Kapitel ist zwar auch in Fettdruck, Spaltenform und auf die Seitenmitte zentriert, wiedergegeben, doch ist nun die Kleinschreibung aufgehoben – sichtbares Zeichen, daß der ›Knieriese‹ erwachsen geworden ist. Das eingeschnürte Kind, von dem eingangs des Romans die Rede war, ist zwar gewachsen, die Einschnürungen aber sind geblieben. Dieses letzte Kapitel des Romans klagt in scharfer Form Schule, Internatserziehung und Gesellschaft des restaurativen Nachkriegsdeutschlands an. Die Stilisierung des Leidens, die in der Allegorie des Jesuskinds zu sehen ist, versagt nun endgültig und erweist sich als Parodie, denn von diesen Knieriesen des Internats ist keine Erlösung zu erwarten. Der »Restwahn militärischer Disziplin unter dem Deckmantel christlicher Rückbesinnung«, die »Machtmusik«, die fünfeinhalb Jahre »Stille, Disziplin, Askese« (S. 203), die »Verklemmung, Gewalt, Ausbrüche, Einstulpungen« (S. 205), die trainierte Liebes- und Sozialunfähigkeit – all dies ist mit dem Weggang aus dem Internat nicht abgeschlossen, sondern nun erst richtig ins Werk gesetzt. Der »Knieriese« (S. 206) bleibt, die Reduzierung des Schülers auf eine Projektionsfläche von Machtinszenierungen ist gelungen, die Infantilisierung des Menschen als Schüler kann nun gesellschaftlich erfolgreich fortgeführt werden.

In seiner Besprechung des Romans merkte Hermann Wallmann an, Stefan Tomas sei u. a. nach Musils *Törleß* »so tollkühn, noch einmal einen Internatsroman zu schreiben«. Durch andere Internatsromane seien »methodologische Positionen besetzt, die einen neuen Versuch unter erheblichen Legitimationsdruck stellen«; Tomas scheue das Risiko nicht und lege den Roman von vornherein so an, »daß kein Leser auf die Idee kommt, es handele sich bloß um ein weiteres ›altes‹ Lied. Eher entsteht der Eindruck, es sei dem Autor daran gelegen, die Quintessenz *aller* Internatserfahrungen und -romane lauthals auf den Punkt zu bringen.«[9] Der Roman stelle so etwas dar wie eine »sozialpsychologische Summa«.[10] Kein Internatstext der Nachkriegszeit führt eine solch grundsätzliche Auseinandersetzung mit den Machtstrukturen in Schule und Internat, wie die *Knieriesen* von Stefan Tomas. Das sichert diesem Roman seinen Platz in der Literaturgeschichte der Schultexte.

Benjamin Lebert: Crazy

Benjamin Lebert wurde 1982 geboren. Folgt man der Verlagsmitteilung, dann hat er als Sechzehnjähriger seinen ersten Roman *Crazy* geschrieben, der 1999 gleich als Taschenbuch und bereits in den ersten Wochen in dritter Auflage erschienen ist.[11] Selbst wenn dies ein Trick des Verlags wäre, um den Verkauf anzukurbeln, hätten Verlag und Autor einen prominenten Vorläufer. 1920 erschien im Rowohlt Verlag ein heute längst vergessener (Schul-)Roman von Hans Fallada: *Der junge Goedeschal. Ein Pubertätsroman.* Da der Verkauf schleppend ging, setzte der Verleger kurzerhand die Angabe »Dritte Auflage« aufs Titelblatt.[12] Hans Fallada wurde später ein bekannter Autor, und das wäre auch Benjamin Lebert zu wünschen. Im Klappentext zu seinem Buch heißt es über den jungen Schriftsteller lapidar: »lebt seit 1990 in München. Kein Abschluß, kein Studium. Dafür Sitzengeblieben. Auch anstrengend. Geht in die 9. Klasse« ([S. 3]).[13] Die Rezeption in den bundesrepublikanischen Feuilletons verlief nahezu hysterisch, wobei vor allem eines auffällt: die wenigsten Rezensenten und Rezensentinnen waren an dem Buch selbst interessiert, im Vordergrund stand vielmehr das Alter seines Autors. Da der Roman aus der Sicht eines sechzehnjährigen Jungen namens

Benjamin Lebert geschrieben ist, kann dies bedeuten, daß Roman und Leben des Autors identisch sind. Dies wäre das Höchstmaß an literarischer Synchronie, ein Optimum der Kongruenz von Literatur und Leben. In dem Moment, wo Benjamin Lebert etwas erlebt, ist es bereits Literatur, die Beschreibung und literarische Dokumentation folgt unmittelbar dem Erleben selbst.

Crazy ist das einzige Buch in der Geschichte der Schultexte, das aus der Sicht eines zeitlich gesehen unmittelbar Betroffenen geschrieben ist. Es erfüllt damit jenen Anspruch von guter Literatur, den im Buch der sechzehnjährige Janosch formuliert: »Literatur ist, wenn du ein Buch liest und unter jeden Satz ein Häkchen setzen könntest – weil es eben stimmt« (S. 142). In der Fachsprache der Germanistik würde man ihm einen hohen Grad von Authentizität bescheinigen.[14] Lebert gelingt es höchst unspektakulär, authentisch zu schreiben. Zwar lebt auch ein Text wie Szczepańskis *Spartanerjünglinge* von der Fiktion, daß echte Briefe des jungen Gottwein abgedruckt werden, doch ist der Autor ein Erwachsener, versetzt sich retrospektiv in die Situation eines Schülers und versucht in einem angemaßten Stil wie ein Jugendlicher zu schreiben. In nicht wenigen Fällen gehören Autoren oder Autorinnen von Schultexten der älteren Generation an, ihre Schultexte sind dann Rückerinnerungen und bereichern das weite Feld der Memoirenliteratur. Anders verhält es sich bei Musil, bei Rilke, bei Hesse und bei Walser. Je näher die Autoren den Erlebnissen ihrer Schulzeit sind, die sie literarisch darstellen, um so genauer ist ihre Beobachtung und um so größer die Tiefenschärfe, womit sie psychische Prozesse oder gruppeninterne Strukturen, die mäandrischen Windungen der Macht im Schul- oder Internatsalltag, erkennen.

Lebert nennt *Crazy* im Untertitel Roman und spielt damit – wie vor ihm etwa Frischmuth – mit der Unschärfe zwischen Fiktionalität und dokumentarischer Wirklichkeit. Das Erfundene wird zum Erlebten, das Erlebte erhält nachträglich die Qualität des Erfundenen. Für den Leser sind die Unterschiede nicht mehr festzustellen, ihm erscheint von der ersten Zeile an der Autor als Ich-Erzähler, der Benjamin Lebert des Textes ist Benjamin Lebert, der Autor, der Roman wird zur Autobiographie, die Fiktion zur Realität. In diesem Sinn ist auch das Motto von Georges Simenon zu verstehen, das Lebert seinem Roman vorangestellt hat. »›Wir sind alle potentielle Romanfiguren – mit dem Unterschied, daß sich Romanfiguren wirklich ausleben.‹«(S. [7]). Unter anderem diesem Kunstgriff verdankt Leberts Roman seine ausgesprochene Lebendigkeit und Unmittelbarkeit. Nach den unterkühlt distanzierenden, dokumentarischen Schultexten der sechziger und frühen siebziger Jahre, nach den Betroffenheitstexten der siebziger und achtziger Jahre wird hier am Ende des Jahrhunderts ein neuer Ton angeschlagen, hier schreibt einer, wie er erlebt. Und zudem widerlegt Lebert das Wort von Robert Walser gründlich, daß Schüler eigentlich nicht über die Schule reden, geschweige denn schreiben könnten, solange sie noch selbst auf die Schule gingen. So etwas sei für ältere Leute, etwa die Lehrer. »Die Gegenwart, die einen singend und lärmend umgibt,« so hatte Walser geschrieben, »ist in keine genügende Form schriftlich zu fassen«.[15] Lebert liefert das Gegenbeispiel.

Neben Benjamin, dem Ich-Erzähler und Autor, steht im Zentrum des Romans eine Gruppe von sechs Schülern: der dicke Felix, der dünne Felix, Florian, den alle nur das Mädchen nennen (übrigens mit Ausnahme Benjamins), der schweigsame Troy und Janosch, der Gruppenanführer und Zimmergenosse von Benjamin. Der Roman erzählt im wesentlichen von dieser Gruppe. Im Unterschied zu vielen anderen Schul- und Internatstexten wird diese Schülergruppe nicht als Ort der Einübung von Unterdrückungsmechanismen vorgestellt. Vielmehr ist die Gruppe eine typische Internats-, Schul- oder Jugendlichenclique, deren Zusammenhalt beispiellos, deren Freundschaft untereinander offensichtlich ist und gegen Ende mit der Blutsbrüderschaft geadelt wird. Daran wird ein deutlicher Unterschied zwischen den ›klassischen‹ Schultexten, zu denen Leberts Roman gehört, und der Backfisch- bzw. Jugendliteratur, zu der *Crazy* in Rezensionen gelegentlich gerechnet wurde, erkennbar. Innerhalb der Schülergruppe werden keine Machtansprüche und Machtkämpfe ausgetragen, die das gesellschaftliche Leben der Erwachsenen prägen. Statt dessen werden spezifische Fragen und Probleme von männlichen Jugendlichen in einem Internat in den Mittelpunkt gerückt, wie beispielsweise die Frage, was das Leben ist, wie sich die ersten sexuellen Erfahrungen gestalten, wie und was überhaupt Mädchen sind. Hinzu kommen die besonderen Internatsthemen wie Heimweh, das Verhältnis zur Mutter bzw. zu den Eltern, Hausaufgabenüberwachung und Überwachen des alltäglichen Internatslebens der Schüler. Indem der Autor Lebert sich ausnahmslos der Jugendsprache bedient, vermeidet er durch seine Wahl der sprachlichen und stilistischen Mittel eine nachträgliche Distanzierung des Blicks. Der Roman ist insgesamt streng parataktisch erzählt, wenn man von der Ausnahme im neunten Kapitel absieht, das in keiner Hinsicht in den Text paßt. Darin wird die Begegnung der sechs ausgerissenen Internatsschüler mit dem alten Sambraus geschildert. Erzähltechnisch durchbricht die Sambraus-Episode die starke Konzentration auf die sechs Jugendlichen und ihre Dialoge in der Schilderung Benjamins. Stilistisch werden hier kunstvolle Sätze mit feiner Haupt- und Nebensatzgliederung angeführt, die quer zum Erzählduktus des restlichen Textes stehen und eher als Fremdkörper erscheinen. Inhaltlich geht es um philosophische Fragen, die von den Jugendlichen selbst in ihrer Sprache wesentlich präziser und lebendiger diskutiert werden, wie beispielsweise die Frage nach dem Leben, die auf dem Bahnsteig des Rosenheimer Bahnhofs ebenso eine Rolle spielt wie im Zug nach München oder in einem Münchner Striplokal.

Das Internat heißt Schloß Neuseelen. Herr Richter ist der Internatsleiter, und dies ist mehr als nur ein sprechender Name. Als Internatsleiter und Lehrer hat er absolute, gleichsam richterliche Verfügungsgewalt über Benjamin und die anderen Schülerinnen und Schüler. Benjamins Eltern schicken ihn hierher in der Hoffnung, daß er seine Sechs in Mathematik verbessern kann. Die Figur Benjamin Lebert im Roman ist behindert, hat eine Halbseitenlähmung der linken Körperseite, den linken Arm und das linke Bein kann er kaum bewegen. Benjamin leidet unter seiner Behinderung, von Janosch will er wissen, wie es ist, nicht behindert zu sein. Dessen Antwort, es fühle sich nach Leben an, kann Benjamin nicht befriedigen. Er habe nie darüber nachgedacht, was dies genau bedeute, sagt Janosch, denn »Leben heißt soviel wie *nie darüber nachdenken*« (S. 41). Damit ist er zwar weit entfernt von Walsers Jakob von Gunten, der schrieb: »Das Leben mit seinen wilden Gesetzen ist überhaupt für gewisse Personen nur eine Kette von Entmutigungen und schreckenerregenden bösen Eindrücken« (*Jakob von Gunten*, S. 123). Doch zugleich ist damit ein Thema des Romans eröffnet, das die erzählerische Balance garantiert zwischen Schul- bzw. Internatsroman auf der einen und Entwicklungs- bzw. Pubertätsroman auf der anderen Seite. Das Nachdenken eines Jugendlichen über sein Leben in einem Internat ist das Thema des Buchs.

Benjamins Verhältnis zu seiner Mutter wird anfänglich als besonders zärtlich beschrieben. Die räumliche Trennung von ihr wird im Laufe der Geschichte zu einer psychischen, die Eltern werden sich trennen. Über die Gratwanderung zwischen Mutternähe und Autonomiebedürfnis schreibt Benjamin:

> *Aber wenn du eh schon behindert bist, ist das schwer. Da neigst du dazu, dich unter dem Rock der Mutter zu verstecken. Ruhen. Atmen. Schlafen. Ja, ich würde sagen, ich bin ein richtiges Mutterkind. Ein billiges. Ich habe nur meine Schwester. Die mich ab und an mit nach draußen zieht. In die Nacht. Und ich habe Janosch. Der sagt, ich soll mir nicht in die Hosen scheißen. Beide brauche ich wohl, um dann irgendwann alleine zu stehen. Genauso, wie ich meine Mutter brauche. Die ich liebe. Es klingt bescheuert. Aber ich glaube, das nennt man Erwachsenwerden. So sagt man jedenfalls.* (S. 52)

Bei einer nächtlichen Tour in den Mädchentrakt lernt Benjamin Marie kennen. Das sechste Kapitel, worin die sexuelle Begegnung der beiden beschrieben wird, gehört mit zu den intensivsten Passagen des Romans. Hier wird die sprachliche Differenz von Liebe und Sex ausgelotet und die Verweigerung der anderen Schüler aus Benjamins Gruppe, über Gefühle nachzudenken und statt dessen nur über Brust- und Analfixierungen zu sprechen, kritisiert. Und hier wird auch die Enttäuschung über die Diskrepanz zwischen der Wirklichkeit des ersten Sexerlebnisses und den Versprechungen und Erwartungen der Hochglanzmagazine, die sich in jedem Jungenbett oder an den Wänden der meisten Jungenzimmer des Internats finden, offen benannt. Marie trägt ein T-Shirt:

> Love is a razor *ist in gelben, geschnörkelten Buchstaben darauf zu lesen. Vermutlich ein wahrer Satz. Vielleicht aber auch einfach nur Mist.* Love *ist weder ein* razor *noch sonst irgendwas.* Love *ist undefinierbar.* Love *ist … ficken, würde Janosch jetzt einwerfen. Aber das glaube ich nicht. Ich glaube,* Love *ist mehr. Ficken ist ficken.* Love *ist was anderes. Musik vielleicht.* (S. 73)

Benjamin versteckt sich nicht hinter einer Männermaske, er sagt, wie die anderen Schüler übrigens auch, mit dem Selbstbewußtsein eines Jugendlichen, »ich bin ein Junge« (S. 37). Benjamin, den bereits der Anblick einer Bluse oder eines kurzen Rocks einer Mitschülerin »beeindruckt« (ebd.), will nicht erwachsen werden, ihm geht es zu schnell. Auch der dicke Felix wehrt sich gegen das Erwachsenwerden, er kompensiert mit Süßigkeiten seine unglückliche Kindheit. »›Keine Sau hat mich gefragt, ob ich erwachsen werden will‹, antwortet Felix. [...] ›Halt's Maul‹, antwortet Janosch. ›Wir sind hier nicht beim Psychologen. Wir reden von Bier und Sex. Und nicht darüber, daß wir Kinder bleiben wollen‹« (S. 48). Ähnlich sieht es Benjamin. Nach dem nächtlichen Sex mit Marie auf der Mädchentoilette denkt er über das Geschehene nach:

> *Mein erstes Mal ist nun vorbei. Und ich fühle mich noch immer wie ein kleiner Hosenscheißer. Das ist, glaube ich, auch ganz gut so. Ich will gar nicht erwachsen werden. Ich will ein ganz normaler Junge bleiben. Meinen Spaß haben. Mich, wenn nötig, bei meinen Eltern verstecken. [...] Warum muß ich denn überhaupt jemals erwachsen werden? Oder anders gefragt, welcher Vollidiot hat diesen Begriff erfunden? Warum bleiben wir nicht alle einfach kleine Jungen? Die ihren Spaß haben wollen? Vögeln, lachen, glücklich sein. [...] Ich fühle mich allein. Ganz allein in dieser verfluchten großen Welt. In irgend so einem bescheuerten Internat. Neuseelen heißt es ausgerechnet. Ja, meine Seele ist neu. Das kann ich sagen. Meine beschissene Seele. Ich vermisse mein Zuhause.* (S. 82 f.)

Im elften Kapitel fällt dann der Schlüsselsatz, der jeden modernen Schultext charakterisiert. »Die Schule *an sich* ist ein reiner Psychokrieg. [...] Man ist noch ziemlich jung und wird schon derartig verarscht. Von einem Typen, der sich Lehrer nennt« (S. 123). Ausgerechnet bei der Beschreibung des Mathematikunterrichts und des Mathematiklehrers Falkenstein wird diese Erkenntnis formuliert. Das wirft die Frage auf, weshalb ist es in den Schul- und Internatstexten gerade immer wieder der Typus des Mathematiklehrers, auf den sich der geballte Zorn der Autoren konzentriert, dessen Unverständnis und Peinigungen ursächlich für das Scheitern der Schüler und Schülerinnen verantwortlich gemacht werden? Eine Erklärung hierauf zu finden, ist schwierig, treffen doch Klischees und Erfahrungen der Autoren so aufeinander, daß der Leser oftmals nicht mehr zwischen beiden zu unterscheiden vermag. Der Mathematiklehrer gilt den Autoren und Autorinnen zumeist als Menschentypus des Unemotionalen, des Rationalen, er vertritt die Mentalität des Ordnungs- und Klassifikationsdenkens und hat in den Texten der jüngeren Vergangenheit den Typus des (para)militärischen Lehrers, wie etwa den sadistischen Turnlehrer bei Rilke, abgelöst. Mathematikunterricht ist in der Lesart dieser Erzählungen die Fortsetzung der alten Kadettenschule mit den Mitteln einer sich fortschrittlich verstehenden Pädagogik. Der äußere Drill wird nach innen gewendet. Benjamin wird diesem Druck nicht standhalten, er wird am Ende des Schuljahrs seine schlechte Mathematiknote nicht verbessert haben.

Der Titel *Crazy* greift einen jugendsprachlichen Ausdruck auf. Was crazy ist, kann keiner der Schüler so genau sagen. Beispiele für ein Verhalten oder für Personen, denen dieses Attribut zukommt, lassen sich jedoch benennen. Leitmotivisch durchzieht dieses Wort den Roman. So sei etwa Benjamin seltsam; nicht seltsam, wie es die Mädchen immer meinen, die meist auf Benjamins Behinderung anspielen. Seltsam auf eine besondere Art, eben crazy, sagt Janosch. Benjamin wäre die verrückteste Person, der er je begegnet sei (vgl. S. 106). Troy, der Verschlossene, der nie ein Wort sagt, möchte eines Tages etwas tun, das crazy ist und noch keiner zuvor getan hat. Daraufhin beschließen Benjamin und er, noch an diesem Abend mit den anderen zusammen aus dem Internat zu fliehen. Im übrigen greifen sie hiermit eine Fluchtphantasie von Janosch auf, die er bereits am Anfang des Romans äußert (vgl. S. 17). Auch »die ›Krug-Aktion‹ war *crazy*« (S. 39), sagt Janosch, und der Erzähler Benjamin kommentiert, »er sagt immer *crazy*. Zu allen aufregenden Dingen sagt Janosch *crazy*. Er liebt dieses Wort« (S. 39 f.). Janosch spielt damit auf die erste Episode an, die berichtet wird. Die sechs Jugendlichen hatten eine Wette abgeschlossen, ob sich Janosch trauen würde, in dem Dorf, wo das Internat ist, eine Sexualtherapeutin aufzusuchen, vorzugeben, homosexuell zu sein und sich danach zu erkundigen, welche Maßnahmen von den Lehrern gegen ihn ergriffen werden könnten. Janosch hatte für seinen Mut von Florian als Wetteinsatz einen Bierkrug bekommen. Die *crazy*-Mentalität gipfelt später in der Erkenntnis Benjamins, »die Welt ist *crazy*« (S. 156). Crazy und schön ergänzt noch Janosch, und die anderen Jungen drücken durch Schulterklopfen ihre Anerkennung aus. Benjamin hat das Lebensgefühl der Jugendlichen auf den Punkt gebracht. Und später, schon betrunken, stellt Benjamin in einem Münchner Lokal fest: »Wir sind alle die Besten [...] Helden. *Crazy*« (S. 165).

Auf der Rückfahrt von München ins Internat unterhalten sich Benjamin und der dicke Felix über den Sinn ihrer Flucht, darüber, welche Hoffnungen sie damit verbunden und was sie damit bezweckt haben. Es sei eine Geschichte gewesen, die das Leben schreibe, eine Geschichte, die von den sechs Jugendlichen handle, »eine Internatsgeschichte. Unsere Internatsgeschichte« (S. 168), erklärt Benjamin. Die Frage von Felix, wo man diese Internatsgeschichte im Gesamt des Lebens der Jugendlichen einzuordnen habe, beantwortet Benjamin tiefsinnig mit »nirgendwo [...] Ich glaube auf dem Weg des Lebens« (S. 169). Damit rechtfertigt sich der Autor Lebert auch selbst für seine Erzählung, das Gespräch zwischen den Romanfiguren Felix und Benjamin ist selbstbezüglich insofern, als es die poetologische Legitimation dessen liefert, was der Autor ohnehin getan hat, nämlich eine Geschichte erzählen. Am Ende des Romans lädt der Autor (oder die Romanfigur?) sogar den Leser in einer direkten Leseranrede ein, ihn zu besuchen, »nach dem ganzen Zeug müßten Sie mich eigentlich ziemlich gut kennen« (S. 173).

Das sechzehnte und letzte Kapitel geht der Frage nach, wie man das Leben im Internat beschreiben kann. Benjamin Lebert, der Autor und der Ich-Erzähler, stellen sich diese Frage ehrlich und offen, ohne sie beantworten zu können. Doch die Antwort ist der Roman selbst. Indem er die Schwierigkeit des Erzählens über Schule und Internat am Ende benennt, blickt er auf die erzählte Internatsgeschichte zurück. Über die Schwierigkeiten des Schreibens zu schreiben und dies auch noch beredt, hat in der Literatur der Moderne Tradition. Doch diese Schwierigkeit so wenig kopflastig zu umgehen, wie es Benjamin Lebert gelingt, das sucht seinesgleichen. Die eingangs des Kapitels gestellte Frage findet ihre Antwort in der Feststellung: »Ich weiß nur, daß man das Internat nicht vergißt. In keinem Augenblick« (S. 171). Die »ewige Gemeinsamkeit« (ebd.) – nicht die ewige Schule, um den Titel von Christa Reinigs Schulerzählung aufzunehmen – prägt die Jugendlichen. Nimmt man noch andere Textstellen des Romans hinzu, dann wird das Leben im Internat auch als ein von Einsamkeit gekennzeichnetes Leben beschrieben (vgl. S. 85). Dies mag auf den ersten Blick ein Widerspruch zur festgestellten ›ewigen Gemeinsamkeit‹ der Schüler sein. Doch macht gerade die Einsamkeit in der Gruppe das spezifische Internatserlebnis aus. Der Dichter sei derjenige, dem die rettungslose Einsamkeit des Ichs in der Welt und zwischen den Menschen am stärksten bewußt werde, hat Robert Musil in seinem Essay *Skizze der Erkenntnis des Dichters* einmal geschrieben.[16] In den Schultexten, zuvörderst in Benjamin Leberts *Crazy*, wird beschrieben, daß und wie diese Einsamkeit in der Gruppe eine Modernitätserfahrung darstellt. Der Mensch in der modernen Lebenswelt ist gezwungen, Individualität durch ›Einsamkeit in der ewigen Gemeinsamkeit‹ zu ersetzen. Die Einsamkeitserfahrung und damit die Tragik eines Internatsschülers bestehe darin, sonntag abends wieder von zu Hause weg ins Internat zu müssen (vgl. S. 92), schreibt der Autor. An Internatsschüler denke später keiner mehr (vgl. S. 101). Diese Permanenz einer Trennungserfahrung ist weit mehr als jugendlicher Weltschmerz. Die Erfahrung der Enge, der Abgeschlossenheit, der räumlichen, aber auch der psychischen Kasernierung kennzeichnet die Internatswelt, die Außenwelt ebenso wie die seelische Innenwelt der Schüler. Nach Hause zu wollen, aber nicht zu dürfen (vgl. S. 25), die Flucht zu ergreifen, aber nicht fliehen zu können (vgl. S. 93), wirft die prinzipielle Frage für Benjamin auf, »ob überhaupt ein Internatsschüler glücklich ist« (S. 67). Damit steht unausgesprochen die Verwunderung im Raum, wie es einem Jugendlichen in einem Internat überhaupt gefallen kann, wie man freiwillig ins Internat gehen kann. Und die meisten Schüler und Schülerinnen sind unfreiwillig in dieser Gruppensituation. Der Tod der Eltern, die Trennung der Eltern, schlechte Noten oder Konflikte zwischen den Eltern und dem Jugendlichen, kurz soziale oder familiäre Konfliktlagen zwingen die Jugendlichen zu einer Gruppe in dieser Internatsschule zusammen.

Crazy ist insgesamt weniger ein Dokument des erwähnten Psychokriegs zwischen Lehrern und Schülern, als ein Zeugnis einer ihren Weg suchenden Jugend. Und – das scheint mir das wichtigste – von einem Jugendlichen geschrieben, im wahrsten Sinne also glaubhaft. Lebert zeigt, daß Literatur auch in seiner Generation am Ende des Jahrtausends eine wesentliche individuelle und soziale Funktion erfüllt: auf der einen Seite mit der Pein und dem Leid des einzelnen bekannt zu machen, auf der anderen Seite die Ghettoisierung des Schulthemas in der Literatur zu durchbrechen, indem durch Literatur Öffentlichkeit geschaffen wird und damit grundsätzliche Erfahrungen in der modernen Gesellschaft mitgeteilt werden. *Crazy* gehört als Lektüre an die Schulen, für Lehrer wie für Schüler. Und es wäre mehr als spannend, in absehbarer Zeit das ›weibliche‹ Gegenstück zu Leberts *Crazy* zu lesen, wie Mädchen in einem Internat ihre Welt erfahren. *Crazy* gehört zumindest nicht zu jenen Büchern, von denen der Ich-Erzähler Benjamin Lebert sagt, daß in der Schule überhaupt nur Bücher gelesen wurden, die er nicht verstanden habe (vgl. S. 87). Die Autoren würden in Rätseln sprechen, dann könnten sie doch gleich ein Quizbuch schreiben. Leberts Roman klagt die Schule an, aber auch die Welt der Erwachsenen insgesamt. Insofern ist *Crazy* auch ein Jugendroman, er berichtet von dem Verlust von Individualität und Privatheit. Das Internat spiegelt so gesehen das Massenphänomen der Moderne, von dem bereits Robert Walsers *Jakob von Gunten* gehandelt hat, und benennt die zentrale Frage: Wie ist es möglich, im Zeitalter der Masse und der diktierten Bewegung sich Individualität und Privatheit gegen den Widerstand kultureller und politischer Zwänge zu bewahren? Macht ist der stärkste Faktor der Entindividualisierung. Wer Macht hat, hat die Macht, selbst individuell zu bleiben und zugleich anderen Individualität zu entziehen. Das ist eine elementare Erfahrung, von der die Schultexte des 19. und 20. Jahrhunderts in je unterschiedlicher Weise und je unterschiedlicher Sprache handeln.

Anmerkungen

Schule als »Kulturfrage«

1 Rainer Maria Rilke: Sämtliche Werke, hrsg. v. Rilke-Archiv. Bd. 5: Worpswede, Auguste Rodin, Aufsätze, Frankfurt/M. 1987, S. 588.

2 Der Anfang des vierten Streichs hat folgenden Wortlaut: »Also lautet der Beschluß: / Daß der Mensch was lernen muß. – / – Nicht allein das A-B-C / Bringt den Menschen in die Höh'; / Nicht allein im Schreiben, Lesen / Übt sich ein vernünftig Wesen; / Nicht allein in Rechnungssachen / Soll der Mensch sich Mühe machen; / Sondern auch der Weisheit Lehren / Muß man mit Vergnügen hören. – / [Hier folgt im Original Lämpels Konterfei, das auch den Umschlag dieses Buchs ziert] / Daß dies mit Verstand geschah, / War Herr Lehrer Lämpel da. –«

3 Literarisches Echo 9 (1909), Sp. 1648.

4 Arthur Babillotte: Erziehungs- und Entwicklungsprobleme in modernen Romanen, in: Das literarische Echo 17 (1914 – 1915), Sp. 89–94, hier Sp. 90.

5 Diese falsche historische Beurteilung setzt sich bedauerlicherweise bis in die Gegenwart fort. Es kann jedenfalls keine Rede davon sein, daß Emil Strauß das Thema der Schülertragödie in die deutsche Literatur eingeführt habe, wie uns der Klappentext zur Neuausgabe des Romans *Freund Hein* glauben machen will (vgl. Emil Strauß, Freund Hein. Eine Lebensgeschichte. Nachwort v. Theodor Karst, Stuttgart 1995). Der Roman von Strauß wird auch in dieser Beziehung völlig überschätzt, wie die kontrastiven Texte u. a. von Meyer, Rilke, Wildenbruch und Szczepański zeigen.

6 Vgl. York-Gothart Mix: Die Schulen der Nation. Bildungskritik in der Literatur der Moderne, Stuttgart / Weimar 1995.

7 Vgl. Robert Minder: Kadettenhaus, Gruppendynamik und Stilwandel von Wildenbruch bis Rilke und Musil, in: ders., Kultur und Literatur in Deutschland und Frankreich. Fünf Essays, Frankfurt/M. 1977 [[1]1962], S. 76–95.

8 Vgl. Peter Grotzer: Die zweite Geburt. Figuren des Jugendlichen in der Literatur des 20. Jahrhunderts. 2 Bde., Zürich 1991. – Mit den Büchern von Grotzer und Mix werden ältere, ausschließlich geistesgeschichtlich orientierte Arbeiten wie diejenige von Thomas Bertschinger: Das Bild der Schule in der deutschen Literatur zwischen 1890 und 1914, Zürich 1969, abgelöst.

9 Julius Bach: Der deutsche Schülerroman und seine Entwicklung. Diss. masch., Münster 1922, S. 49.

10 Vgl. ebd., S. 4.

11 Vgl. ebd., S. 49.

12 Rilke 1987, Bd. 5, S. 587.

13 Robert Walser: Dichtungen in Prosa. Bd. IV: Fritz Kocher's Aufsätze, Die Rose und Kleine Dichtungen, hrsg. v. Carl Seelig, Genf 1959, S. 52–54. Diese Kleinprosa erschien zuerst 1902 in der Zeitung »Der Bund«, 1904 dann als Buch.

14 Hermann Hesse: Gesammelte Briefe. Erster Band 1895–1921, Frankfurt/M. 1973, S. 130.

15 In diesem Zusammenhang sei ausdrücklich auf die weiterführende historische, bildungsgeschichtliche und allgemein politikgeschichtliche wissenschaftliche Literatur im Literaturverzeichnis dieses Buchs verwiesen.

16 Karl Schultze: Zwei Schulromane, in: Der Kunstwart 20/2 (1907), S. 622–624, hier S. 623.

17 Freilich wird der einer idealistischen Pädagogik verschriebene kulturelle Bildungsauftrag von Schule durch die gesellschaftliche Wirklichkeit mehr und mehr in Frage gestellt. Betreuung statt Bildung heißt das Notprogramm vieler, von der Politik im Stich gelassener Schulen. Allerdings ist diese Entwicklung in der erzählenden Literatur der Gegenwart noch nicht dokumentiert und wird insofern hier auch nicht weiter berücksichtigt.

18 Michel de Montaigne: Die Essais. Ausgewählt, übertragen und eingeleitet v. Arthur Franz, Stuttgart 1984, S. 97.

19 Ellen Key: Das Jahrhundert des Kindes. Studien, Berlin 1902. [[1]1900], S. 221.

20 Sebastian Brant: Das Narrenschiff. [[1]1494]. Übertragen v. H. A. Junghans. Durchgesehen und mit Anmerkungen sowie einem Nachwort neu hrsg. von Hans-Joachim Mähl, Stuttgart 1988, S. 27.

21 Johannes Amos Comenius: Orbis sensualium pictus. [...] Nürnberg 1658. Zitiert nach dem Reprint Dortmund 1978, S. 199 (kursiv im Original fett).

22 Ebd., S. 199 (kursiv im Original fett).

23 Zitiert nach: Politik und Schule von der Französischen Revolution bis zur Gegenwart. Eine Quellensammlung zum Verhältnis von Gesellschaft, Schule und Staat im 19. und 20. Jahrhundert. 2 Bde., hrsg. v. Berthold Michael u. Heinz-Herrmann Schepp, Frankfurt/M. 1973, Bd. 1, S. 43.

24 Ebd., S. 48.

25 Christian Weise: Masaniello. Trauerspiel, hrsg. von Fritz Martini, Stuttgart 1992, S. 6.

26 Zitiert nach der Erstausgabe von 1774: Johann Wolfgang Goethe: Die Leiden des jungen Werthers. Studienausgabe. Paralleldruck der Fassungen von 1774 und 1787, hrsg. v. Matthias Luserke, Stuttgart 1999, S. 154. Die Fassung von 1787 schreibt statt »Kram« deutlicher »Kramladen« (ebd., S. 155).

27 Die nachfolgenden Ausführungen orientieren sich an dem Kapitel *Zur Sozialgeschichte des Hofmeisters im 18. Jahrhundert* meines Buchs: Jakob

Michael Reinhold Lenz. Der Hofmeister – Der Neue Menoza – Die Soldaten, München 1993, S. 31–35.

28 Zitiert nach: ebd., S. 32.

29 Vgl. dazu Ludwig Fertig: Die Hofmeister. Ein Beitrag zur Geschichte des Lehrerstandes und der bürgerlichen Intelligenz, Stuttgart 1979.

30 Vollständiger Text bei Luserke 1993, S. 35.

31 »Über das was man ist«, in: Johann Wolfgang Goethe: Sämtliche Werke nach Epochen seines Schaffens. Münchner Ausgabe, hrsg. v. Karl Richter u. a. Band 1.2, S. 300.

32 Die nachfolgenden Ausführungen und Zahlenangaben beruhen auf der Studie von Schmale 1991, S. 627–767, hier S. 732. – Vgl. dazu auch die Darstellung von Peter Lundgreen: Sozialgeschichte der deutschen Schule im Überblick. Teil I: 1770 – 1918, Göttingen 1980. Teil II: 1918 – 1980. Ebd. 1981.

33 Ebd.

34 Zitiert nach Hellmuth Kiesel, Paul Münch: Gesellschaft und Literatur im 18. Jahrhundert. Voraussetzungen und Entstehung des literarischen Markts in Deutschland, München 1977, S. 69.

35 Zitiert nach Paul Krumbholz: Geschichte des Weimarischen Schulwesens, Berlin 1934, S. 89.

36 Schmale 1991, S. 712.

37 Vgl. Schmale 1991, bes. S. 690 ff.

38 Ebd., S. 733.

39 Einen knappen, gleichwohl präzisen Überblick über die Entwicklung der Schule im Nationalsozialismus mit weiterführender Literatur bieten Hans-Georg Herrlitz, Wulf Hopf, Hartmut Titze: Deutsche Schulgeschichte von 1800 bis zur Gegenwart. Eine Einführung. Zweite, durchgesehene Auflage, Königstein/Ts. 1986, S. 126–139.

40 Zitiert nach Herrlitz, Hopf, Titze 1986, S. 98 f.

41 Zitiert nach Giese 1961, S. 74 f.

42 Vgl. zum Folgenden: Handbuch der deutschen Bildungsgeschichte, Band III 1800–1870; Von der Neuordnung Deutschlands bis zur Gründung des Deutschen Reiches, hrsg. v. Karl-Ernst Jeismann u. Peter Lundgreen, München 1987, S. 368 f.

43 Zitiert nach ebd., S. 369.

44 Tagebuch eines halbwüchsigen Mädchens. Mit einem Vorwort v. Alice Miller u. neu hrsg. u. mit einem Nachwort versehen v. Hanne Kulessa. [[1]1919], Frankfurt/M. 1987, S. 165. – Lundgreen, Teil II, 1981, S. 68, weist darauf hin, daß es dennoch in den höheren Knabenlehranstalten Preußens auch einige Schülerinnen gegeben hat: »Sie machten 1911–1931 etwa 5% der entsprechenden Schülerzahl aus«. Ob diese Angabe einen repräsentativen Aussagewert hat, bleibt unklar.

45 Georg Wilhelm Friedrich Hegel: Werke Bd. 4: Nürnberger und Heidelberger Schriften (1808 – 1817), Frankfurt/M. 1970, S. 348.

46 [Theodor Gottlieb von Hippel]: Nachricht die v. K–sche Untersuchung betreffend. Ein Beytrag über Verbrechen und Strafen. Königsberg

1792. Neudruck hrsg. v. Matthias Luserke, St. Ingbert 1999 [= Kleines Archiv des achtzehnten Jahrhunderts Bd. 38], S. 24 der Originalausgabe.

47 York-Gothart Mix: Selbstmord der Jugend. H. Falladas *Der junge Goedeschal*, J. R. Bechers *Abschied*, H. Hesses *Unterm Rad* und der Erziehungsalltag im Kaiserreich, in: GRM 44/1 (1994), S. 63–76, hier S. 64.

48 Franz Pfemfert: Im Zeichen der Schülerselbstmorde, in: Die Aktion 9 (1911), v. 17. April 1911, o. S.

»Das allein seligmachende Preußentum«

1 Zu den nachfolgenden Angaben vgl. den Editionsbericht der Herausgeber in: Conrad Ferdinand Meyer: Sämtliche Werke. Historisch-kritische Ausgabe. Besorgt von Hans Zeller und Alfred Zäch. Bd. 12: Novellen II. Die Hochzeit des Mönchs, Das Leiden eines Knaben, Die Richterin, Bern 1961, S. 315–339, bes. S. 315–318.

2 Zitiert wird der Text nach der Reclam-Ausgabe Conrad Ferdinand Meyer: Das Leiden eines Knaben. Novelle. Mit einem Nachwort von Louis Wiesmann, Stuttgart 1985.

3 Meyer 1961, S. 316.

4 Mix 1995, S. 16f.

5 Vgl. Meyer 1961, S. 318.

6 Zitiert nach ebd. S. 318.

7 Zitiert wird der Text nach dem Wiederabdruck im Reclam Verlag Prosa des Naturalismus, hrsg. v. Gerhard Schulz, Stuttgart 1980, S. 65–96.

8 Dieter Arendt zitiert mit Hinweis auf diese Textstelle ein Wort Wilhelm Liebknechts von 1872, das den paramilitärischen, ja präfaschistischen Charakter dieser Art von Unterricht unterstreicht: »Die Volksschule ist die Vorschule der Kaserne, die Kaserne ist die Fortbildungsschule der Volksschule« (Dieter Arendt: Kinder-Terror in der Schule oder Die Diktatur der letzten Bank, in: Diskussion Deutsch 20 [1989], S. 481–502, hier S. 484).

9 Die genaue Bedeutung von Fuchsschwanz bleibt hier unklar. Enthält das Wort einen symbolischen Mehrwert, dann gibt diesen der Text nicht direkt preis. Denn folgt man den Erläuterungen des Grimmschen Wörterbuchs, bedeutet ›einen mit einem Fuchsschwanz schlagen‹ eine wirkungslose oder gelinde Strafe, oder eine Schmeichelei, oder eine wohl gesinnte strafende Ermahnung.

10 Hermann Kluge: Geschichte der deutschen National-Litteratur. 25. Aufl. Altenburg 1894, S. 236. – Zur patriotischen Dramatik Wildenbruchs vgl. Sascha Kiefer, Dramatik der Gründerzeit. Deutsches Drama und Theater 1870 - 1890, St. Ingbert 1997, S. 158ff.

11 Zitiert wird der Text nach dem Abdruck in Ernst von Wildenbruch: Ausgewählte Werke. Vierter Band, Berlin 1919, S. 3–29.

12 Tagebuch eines halbwüchsigen Mädchens 1987, S. 144.

13 Daß es sich ausgerechnet um einen französischen Rotwein, einen al-

ten Bordeaux, »ganz braun und ganz ölig« (S.9), handelt, mag einem kulturimperialen Motiv des im Auswärtigen Amt tätigen Diplomaten Wildenbruch entsprungen sein.

14 Die beiden Erzählungen werden zitiert nach der Ausgabe: Rainer Maria Rilke, Sämtliche Werke, hrsg. v. Rilke-Archiv. Bd.4: Frühe Erzählungen und Dramen, Frankfurt/M. 1987. – Vgl. zum Schulthema bei Rilke auch seinen Aufsatz *Samskola* (1905), der Bericht über ein Schulreformprojekt in Göteborg, in: ebd., Bd.5, S.672–681. Diese Schule nennt Rilke »eine völlig unimperativische Schule«, »die Kinder sind in dieser Schule die Hauptsache« (S.672), eine »Schule für Kinder und Eltern und Lehrer [...]. Und was gemeinsam gelernt werden soll, ist: die Zukunft« (S.681).

15 Vgl. Reiner Marx: »Hab ich nicht recht?« Dichtung als Apologie des Dichters. Zum Aspekt der Selbstrechtfertigung bei Rainer Maria Rilke, Frankfurt/M. 1984, S.97.

16 Überhaupt hat Rilkes Prosaskizze sehr viel Ähnlichkeit mit einer Filmvorlage, und es wäre einmal zu prüfen, inwiefern der Medienwechsel von der Schrift zum bewegten Bild in diesem Text nachvollziehbar oder gar nachweisbar ist. – Zu Rilkes Nominalstil in dieser Erzählung vgl. auch York-Gothart Mix: Der Auftakt zur Fibel des Entsetzens. R.M. Rilkes Erzählung ›Die Turnstunde‹ und die pädagogische Reformbewegung der Jahrhundertwende, in: Euphorion 88/4 (1994), S.437–447.

17 Zitiert nach Gerhardt Giese: Quellen zur deutschen Schulgeschichte seit 1800, Göttingen 1961, S.129.

18 Rilke 1987, Bd.6, S.1079.

19 Rainer Maria Rilke, Lou Andreas-Salomé: Briefwechsel. Mit Erläuterungen u. einem Nachwort hrsg. v. Ernst Pfeiffer, Zürich 1952, S.368.

20 Vgl. dazu grundsätzlich Byong-Ock Kim: Rilkes Militärschulerlebnis und das Problem des verlorenen Sohnes, Bonn 1973.

21 Rilke 1987, Bd.4, S.1020.

22 Rainer Maria Rilke: Briefe, zweiter Band 1914 bis 1926, Wiesbaden 1950, S.200–206, hier S.200.

23 Zitiert nach Giese 1961, S.154 (im Original kursiv).

24 Zitiert wird nach der vierten Auflage, Leipzig 1901.

Nach der Jahrhundertwende

1 Zitiert wird der Text nach folgender Ausgabe: Franziska Gräfin zu Reventlow: Ellen Olestjerne. Roman. Mit einem Nachwort v. Gisela Brinker-Gabler. [1 1903], Frankfurt/M. 1986.

2 Zum europäischen Rahmen und zur Geschichte dieses Sinnbilds, das auch die Unterwerfung der Frau unter den Mann sowie die Ängste des Mannes vor der Frau symbolisiert, in die Literatur als Aristoteles-Phyllis-Legende eingegangen ist und in der Kunstgeschichte seinen festen ikonographischen Platz erhalten hat (am bekanntesten ist wohl die Darstellung Hans Baldung Griens von 1513), vgl. Matthias Luserke: Die Bändigung der wilden Seele.

Literatur und Leidenschaft in der Aufklärung, Stuttgart/Weimar 1995, S. 195 ff.

3 Rilke 1987, Bd. 5, S. 588.

4 Georg Christoph Lichtenberg: Schriften und Briefe, hrsg. v. Wolfgang Promies. Erster Band: Sudelbücher I, München 1968, S. 466.

5 Alfred Döblin: Im Buch. Zu Haus. Auf der Straße. Vorgestellt von Alfred Döblin und Oskar Loerke. Mit einer Nachbemerkung von Jochen Meyer, Marbach/N. 1998, S. 71.

6 Immanuel Kant: Werkausgabe Bd. XII, Frankfurt/M. 1991, S. 731.

7 Ebd.

8 Ebd., S. 753.

9 Zitiert wird der Text nach der Ausgabe Hermann Hesse: Unterm Rad. Erzählung, Frankfurt/M. 1974. – Vgl. für eine Lektüre und Interpretation im Deutschunterricht Theodor Karst, Renate Overbeck, Reinbert Tabbert: Kindheit in der modernen Literatur. Interpretations- und Unterrichtsmodelle zur deutsch-, englisch- und französischsprachigen Prosa, Kronberg/Ts. 1976 (bes. S. 51–71 zu Hesse und S. 237–244 mit einem ausführlichen, auch ältere Forschungsliteratur berücksichtigenden Literaturbericht zum Thema).

10 Heinz Strauss: Der Klosterroman von Millers ›Siegwart‹ bis zu seiner künstlerischen Höhe bei E. T. A. Hoffmann. Ein Beitrag zur Literaturgeschichte des 18. Jahrhunderts. Diss. masch., München 1921, S. 3. Allerdings wehrt Strauss selbst jeglichen Anspruch auf Vollständigkeit ab, seine Recherchen seien auch vom Zufall bestimmt worden. Ob dies nun die rhetorische Bescheidenheit von Dissertationen darstellt oder seine Materialsuche sich tatsächlich so gestaltet hat – solange keine neueren Untersuchungen vorliegen, ist die Forschung jedenfalls auf das ältere Zahlenmaterial angewiesen.

11 Die Dokumente sind auszugsweise nachzulesen bei Helga Esselborn-Krumbiegel: Hermann Hesse: Unterm Rad. Erläuterungen und Dokumente, Stuttgart 1995, S. 56 ff.

12 Hans Fallada: Der junge Goedeschal. Ein Pubertätsroman. 3. Auflage, Berlin 1920, S. 12 f.

13 Vgl. den Sammelband: Unterbrochene Schulstunde. Schriftsteller und Schule. Eine Anthologie, Frankfurt/M. 1972, S. 233–237.

14 Die nachfolgenden Ausführungen greifen auf meine Darstellung: Robert Musil, Stuttgart / Weimar 1995, S. 14–34, zurück.

15 Vgl. die entsprechenden Tagebuchbemerkungen in Robert Musil: Tagebücher, hrsg. v. Adolf Frisé. Neu durchgesehene u. ergänzte Auflage. 2 Bde., Reinbek bei Hamburg 1983, Bd. 2, S. 9 u. 816.

16 Musil: Tagebücher 1983, Bd. 1, S. 953.

17 Zitiert wird der Text nach der Ausgabe Robert Musil: Die Verwirrungen des Zöglings Törleß, Reinbek bei Hamburg 1983.

18 Musil: Tagebücher 1983, Bd. 1, S. 914.

19 Vgl. Elisabeth K. Paefgen: Kunst oder Wissenschaft? Deutschunterricht in der Literatur, in: Wirkendes Wort 47/1 (1997), S. 75–93, hier S. 78.

20 Siehe S. 12 in diesem Buch.

21 Fallada 1920, S. 8.

22 Vgl. die entsprechende Diagnose bei Hans Giebenrath in Hesses *Unterm Rad*.

23 Vgl. den Brief an Paul Wiegler vom 21. Dezember 1906 in Robert Musil, Briefe 1901–1942. 2 Bde., hrsg. v. Adolf Frisé unter Mithilfe v. Murray G. Hall, Reinbek bei Hamburg 1981, Bd. 1, S. 23 f.

24 Die neue Rundschau 22/2 (1911), S. 1769–1770, hier S. 1770.

25 Ebd.

26 Babillotte 1914–1915, Sp. 91.

27 Zitiert wird der Text nach der Ausgabe Robert Walser: Jakob von Gunten. Ein Tagebuch, Frankfurt/M. 1982 (= Das Gesamtwerk in 12 Bänden, Bd. 6).

28 Robert Musil: Gesammelte Werke in neun Bänden, hrsg. v. Adolf Frisé, Reinbek bei Hamburg 1978, Bd. 5, S. 1468.

29 Martin Walser: Selbstbewußtsein und Ironie. Frankfurter Vorlesungen, Frankfurt/M. 1981, S. 118.

30 Robert Walser: Dichtungen in Prosa, Bd. IV: Fritz Kocher's Aufsätze, Die Rose und Kleine Dichtungen, hrsg. v. Carl Seelig, Genf 1959, S. 21.

31 Ebd., S. 21.

32 Ich möchte ausdrücklich betonen, daß diese Beobachtung nur für das Genre der Schultexte gilt. Ein Blick in die Textdokumentation *Frauenemanzipation im deutschen Vormärz* (Stuttgart 1980) kann zeigen, daß sich politische und kritische Positionen jenseits der Schultexte natürlich auch bei Frauen in der Literatur des 19. Jahrhunderts finden.

33 Vgl. dazu das biographische Nachwort von Christa Reinig in: Christa Winsloe: Mädchen in Uniform. Roman [1934]. Christa Reinig über Christa Winsloe. Fotos aus dem Film *Mädchen in Uniform*, München 1983, S. 241 ff.

34 Zitiert wird der Text nach der Ausgabe Christa Winsloe: Mädchen in Uniform. [1934]. Mit einem Nachwort von Susanne Amrain, Göttingen 1999.

Literatur der Gegenwart

1 Zitiert wird der Text nach der Ausgabe Barbara Frischmuth: Die Klosterschule. Roman, Reinbek bei Hamburg 1991.

2 Zitiert nach Giese 1961, S. 247.

3 Ebd., S. 248.

4 Ebd., S. 249.

5 Zitiert wird der Text nach der Ausgabe Hugo Dittberner: Das Internat. Papiere vom Kaffeetisch, Zürich 1989. Gegenüber der Erstfassung von 1974 weicht der Text dieser Ausgabe nur geringfügig ab. – Eine wissenschaftliche Rezeption des Romans liegt noch nicht vor, zur Einführung vgl. daher die Rezensionen von Peter Buchka: Jugend im Internat, in: DIE ZEIT v. 4. 4. 1975, Doris Blum, Ein Versuch über die verlorene Zeit, in: Frankfurter Allgemeine Zeitung v. 8. 10. 1974 und Heinz Ludwig Arnold: Der Kaffetisch als dialektischer Ort, in: Süddeutsche Zeitung v. 9. 10. 1974.

6 Vgl. Gegenwartsliteratur seit 1968, hrsg. v. Klaus Briegleb u. Sigrid Weigel, München 1992, S. 392.

7 Zitiert wird der Text nach der Ausgabe Christa Reinig: Die ewige Schule, in: dies., Die ewige Schule. Erzählungen, München 1982, S. 65–92. Zum besseren Verständnis mancher Bemerkungen sei ausdrücklich auf das Kapitel in diesem Buch zu Christa Winsloes Roman *Mädchen in Uniform* verwiesen.

8 Zitiert wird der Text nach der Ausgabe Stefan Tomas: Knieriesen. Roman, Hildesheim 1992. Leider enthält das Buch zahlreiche störende Druck- und Syntaxfehler. – Der Text stellt über den Namen der Hauptfigur einen literaturhistorischen Bezug her. In Meyers Novelle heißt die Hauptfigur auch – wie bei Tomas – Julian.

9 Hermann Wallmann: Die Wutvergeudung des Zöglings Julian. Ein intensiver Internatsroman und eine schwache Satire von Stefan Tomas, in: Süddeutsche Zeitung v. 19. 1. 1994.

10 Ebd.

11 Während der Drucklegung des vorliegenden Buchs gelangte bereits die 6. Auflage in den Handel; laut Spiegel sollen inzwischen 130.000 Exemplare verkauft worden sein, vgl. Martin Wolf: Kiepenheuer, Witsch & weg?, in: Der Spiegel 15 (1999) v. 12. 4. 1999, S. 276.

12 Vgl. Mix 1995, S. 144.

13 Zitiert wird der Text nach der Ausgabe Benjamin Lebert: Crazy, Köln 1999 (= KiWi 537).

14 Bemerkung am Rande: Insofern ist der Einwand von Janosch, »ein Literaturprofessor würde mir bestimmt etwas anderes erzählen« (S. 143), nicht unbedingt stichhaltig.

15 Walser 1959, S. 21.

16 Vgl. Musil 1978, Bd. 8, S. 1026.

Literaturverzeichnis

Quellen

Bienne, Gisèle: Bittersüß. Aus dem Französischen übertragen von Helga Koletzky, Naumburg/Elbenberg o. J. [1981].

Comenius, Johannes Amos: Orbis sensualium pictus. [...] Nürnberg 1658, Reprint Dortmund 1978.

Deutsche Schulzeit. Erinnerungen und Geschichten aus drei Jahrhunderten, hrsg. und mit einem Vorwort v. Martin Gregor-Dellin, München 1979.

Dittberner, Hugo: Das Internat. Papiere vom Kaffeetisch, Zürich 1989 [^{1}1974].

Döblin, Alfred: Im Buch. Zu Haus. Auf der Straße. Vorgestellt von Alfred Döblin und Oskar Loerke. Mit einer Nachbemerkung von Jochen Meyer, Marbach/N. 1998.

Fallada, Hans: Der junge Goedeschal. Ein Pubertätsroman. 3. Auflage, Berlin 1920.

Frischmuth, Barbara: Die Klosterschule. Roman, Reinbek bei Hamburg 1991 [^{1}1968].

Hesse, Hermann: Unterm Rad. Erzählung, Frankfurt/M. 1974.

Holz, Arno, Johannes Schlaf: Der erste Schultag, in: Prosa des Naturalismus, hrsg. v. Gerhard Schulz, Stuttgart 1980, S. 65–96.

Jaeggy, Fleur: Die seligen Jahre der Züchtigung. Novelle. Aus dem Italienischen übersetzt von Barbara Schaden, Berlin 1996.

Kant, Immanuel: Werkausgabe Bd. XII, Frankfurt/M. 1991.

Key, Ellen: Das Jahrhundert des Kindes. Studien, Berlin 1902 [^{1}1900].

Lebert, Benjamin: Crazy, Köln 1999.

Lichtenberg, Georg Christoph: Schriften und Briefe, hrsg. v. Wolfgang Promies. Erster Band: Sudelbücher I, München 1968.

Meyer, Conrad Ferdinand: Das Leiden eines Knaben. Novelle. Mit einem Nachwort von Louis Wiesmann, Stuttgart 1985.

Meyer, Conrad Ferdinand: Sämtliche Werke. Historisch-kritische Ausgabe. Besorgt von Hans Zeller und Alfred Zäch. Band 12: Novellen II. Die Hochzeit des Mönchs, Das Leiden eines Knaben, Die Richterin, Bern 1961, S. 315–339 (*Das Leiden eines Knaben*).

Musil, Robert: Die Verwirrungen des Zöglings Törleß, Reinbek bei Hamburg 1983.

Musil, Robert: Gesammelte Werke in neun Bänden, hrsg. v. Adolf Frisé, Reinbek bei Hamburg 1978.

Musil, Robert: Tagebücher, hrsg. v. Adolf Frisé. Neu durchgesehene u. ergänzte Auflage. 2 Bde., Reinbek bei Hamburg 1983.
Reinig, Christa: Die ewige Schule, in: dies.: Die ewige Schule. Erzählungen, München 1982, S. 65–92.
Reventlow, Franziska Gräfin zu: Ellen Olestjerne. Roman. Mit einem Nachwort v. Gisela Brinker-Gabler, Frankfurt/M. 1986 [1 1903].
Rieger, Franz: Internat in L. Darstellung eines empfindsamen Charakters. Roman, Graz / Wien / Köln 1986.
Rilke, Rainer Maria: Briefe, 2. Band 1914 bis 1926, Wiesbaden 1950.
Rilke, Rainer Maria: Sämtliche Werke, hrsg. v. Rilke-Archiv. 6 Bde., Frankfurt/M. 1987.
Rutschky, Katharina (Hg.): Schwarze Pädagogik. Quellen zur Naturgeschichte der bürgerlichen Erziehung, Frankfurt/M. / Berlin 1988.
Salomon, Ernst von: Die Kadetten, Gütersloh 1933.
Strauß, Emil: Freund Hein. Eine Lebensgeschichte. Nachwort v. Theodor Karst, Stuttgart 1995 [1 1902].
Szczepański, Paul von: Spartanerjünglinge. Eine Kadettengeschichte in Briefen, Leipzig 1898. 4. Aufl. 1901.
Tagebuch eines halbwüchsigen Mädchens. Mit einem Vorwort v. Alice Miller u. neu hrsg. u. mit einem Nachwort versehen v. Hanne Kulessa, [1 1919] Frankfurt/M. 1987.
Tomas, Stefan: Knieriesen. Roman, Hildesheim 1992.
Unterbrochene Schulstunde. Schriftsteller und Schule. Eine Anthologie, Frankfurt/M. 1972.
Walser, Martin: Selbstbewußtsein und Ironie. Frankfurter Vorlesungen, Frankfurt/M. 1981.
Walser, Robert: Dichtungen in Prosa Bd. IV: Fritz Kocher's Aufsätze, Die Rose und Kleine Dichtungen, hrsg. v. Carl Seelig, Genf 1959.
Walser, Robert: Jakob von Gunten. Ein Tagebuch, Frankfurt/M. 1982. (= Das Gesamtwerk in 12 Bänden, Bd. 6).
Wiesner, Heinrich: Notennot. Schulgeschichten. 2. erweiterte Auflage, Basel 1978.
Wildenbruch, Ernst von: Das edle Blut, in: ders.: Ausgewählte Werke. Vierter Band, Berlin 1919, S. 3–29.
Winsloe, Christa: Mädchen in Uniform. [1 1934]. Mit einem Nachwort von Susanne Amrain, Göttingen 1999.
Winsloe, Christa: Mädchen in Uniform. Roman [1 1934]. Christa Reinig über Christa Winsloe. Fotos aus dem Film »Mädchen in Uniform«, München 1983.

Forschungsliteratur

Arendt, Dieter: Kinder-Terror in der Schule oder Die Diktatur der letzten Bank, in: Diskussion Deutsch 20 (1989), S. 481–502.
Arnold, Heinz Ludwig: Der Kaffetisch als dialektischer Ort, in: Süddeutsche Zeitung v. 9. 10. 1974.

Avery, George C.: Zum dritten Berliner Roman Robert Walsers: *Jakob von Gunten*, in: Über Robert Walser. Dritter Band, hrsg. v. Katharina Kerr, Frankfurt/M. 1979, S. 94–121.

Babillotte, Arthur: Erziehungs- und Entwicklungsprobleme in modernen Romanen, in: Das literarische Echo 17 (1914 - 1915), Sp. 89–94.

Bach, Julius: Der deutsche Schülerroman und seine Entwicklung. Diss. masch. Münster 1922.

Baumgart, Franzjörg: Zwischen Reform und Reaktion. Preußische Schulpolitik 1806 - 1859. Darmstadt 1990.

Baur, Uwe: Zeit- und Gesellschaftskritik in Robert Musils Roman *Die Verwirrungen des Zöglings Törleß,* in: ders., Dietmar Goltschnigg (Hrsg.): Vom »Törleß« zum »Mann ohne Eigenschaften«, München / Salzburg 1973, S. 19–45.

Bertschinger, Thomas: Das Bild der Schule in der deutschen Literatur zwischen 1890 und 1914, Zürich 1969.

Binder, Gerhard: Conrad Ferdinand Meyers Novelle: ›Das Leiden eines Knaben‹, in: Der Deutschunterricht 2 (1951), S. 64–72.

Bleckwenn, Helga: Von Calw nach Kastilien. Schule und Leben im Werk Hermann Hesses, in: Ortwin Beisbart, Helga Bleckwenn (Hg.).: Deutschunterricht und Lebenswelt in der Fachgeschichte, Frankfurt/M. 1993, S. 233–246.

Blum, Doris: Ein Versuch über die verlorene Zeit, in: Frankfurter Allgemeine Zeitung v. 8. 10. 1974.

Buchka, Peter: Jugend im Internat, in: DIE ZEIT v. 4. 4. 1975.

Das niedere Schulwesen im Übergang vom 18. zum 19. Jahrhundert, hrsg. v. Peter Albrecht u. Ernst Hinrichs, Tübingen 1995.

Datenhandbuch zur deutschen Bildungsgeschichte Bd. II: Höhere und mittlere Schulen, 1. Teil: Detlef K. Müller, Bernd Zymek, Ulrich Herrmann: Sozialgeschichte und Statistik des Schulsystems in den Staaten des Deutschen Reiches, 1800 - 1945, Göttingen 1987.

Driesmans, Heinrich: Der alte und der neue Erziehungsroman, in: Die Gegenwart 66 (1904), S. 247–250.

Ebner, Eduard: Magister, Oberlehrer, Professoren. Wahrheit und Dichtung in Literaturausschnitten aus fünf Jahrhunderten, Nürnberg o. J. [1908].

Eisenbeiss, Ulrich: Überlegungen zur perspektivischen Erzählkunst des späteren Conrad Ferdinand Meyer - am Beispiel der historischen Novelle »Das Leiden eines Knaben«, in: Deutsche Dichtung um 1890. Beiträge zu einer Literatur im Umbruch, hrsg. v. Robert Leroy u. Eckart Pastor, Bern 1991, S. 273–288.

Esselborn-Krumbiegel, Helga: Hermann Hesse: »Unterm Rad«, in: Interpretationen. Erzählungen des 20. Jahrhunderts. Bd. 1, Stuttgart 1996, S. 55–74.

Esselborn-Krumbiegel, Helga: Hermann Hesse: Unterm Rad. Erläuterungen und Dokumente, Stuttgart 1995.

Ewers, Hans-Heino: Der Adoleszenzroman als jugendliterarisches Erzählmuster, in: Deutschunterricht 45/6 (1992), S. 291–297.

Ewers, Hans-Heino (Hrsg.): Jugendkultur im Adoleszensroman. Jugendkul-

tur der 80er und 90er Jahre zwischen Moderne und Postmoderne, Weinheim / München 1994.
Fertig, Ludwig: Die Hofmeister. Ein Beitrag zur Geschichte des Lehrerstandes und der bürgerlichen Intelligenz, Stuttgart 1979.
Gegenwartsliteratur seit 1968, hrsg. v. Klaus Briegleb u. Sigrid Weigel, München 1992.
Giese, Gerhardt: Quellen zur deutschen Schulgeschichte seit 1800, Göttingen 1961.
Glantschnig, Helga: Liebe als Dressur. Kindererziehung in der Aufklärung, Frankfurt/M. 1987.
Gößling, Andreas: Abendstern und Zauberstab. Studien und Interpretationen zu Robert Walsers Romanen »Der Gehülfe« und »Jakob von Gunten«. Mit einem Anhang unveröffentlichter Manuskriptvarianten des »Gehülfen«-Romans. (= Kommentare und Studien zu Roberts Walsers Romanen Bd. 2), Würzburg 1992.
Grotzer, Peter: Die zweite Geburt. Figuren des Jugendlichen in der Literatur des 20. Jahrhunderts. Band 1: Arthur Rimbaud, James Joyce, Robert Musil, Hermann Hesse, Jean-Paul Sartre, J. D. Salinger, Ulrich Plenzdorf, Georges Bernanos, Josef Roth. Band 2: Forschungsbericht, Bibliographie, Zürich 1991.
Handbuch der deutschen Bildungsgeschichte. Bd. 1 ff., München 1987 ff.
Handbuch der deutschen Wirtschafts- und Sozialgeschichte, hrsg. v. Hermann Aubin u. Wolfgang Zorn, Stuttgart 1976. Bd. 2, S. 670–680 (Kap. »Bildung und Erziehung«).
Hart, Gail K.: The Facts of Fiction: C. F. Meyer's Dismantling of Facticity, in: Seminar 26.3 (1990), S. 222–236.
Heidenreich, Elke: Ein Autogramm von Gott. Elke Heidenreich über Benjamin Leberts Romandebüt, in: Der Spiegel 7 (1999), v. 15. 2. 1999.
Heinemann, Manfred: Schule im Vorfeld der Verwaltung. Die Entwicklung der preußischen Unterrichtsverwaltung von 1771 – 1800, Göttingen 1974.
Herrlitz, Hans-Georg, Wulf Hopf, Hartmut Titze: Deutsche Schulgeschichte von 1800 bis zur Gegenwart. Eine Einführung. 2., durchgesehene Auflage, Königstein/Ts. 1986.
Hertling, G. H.: Mißhandlung, *Leiden* und Tod zweier *Knaben*: C. F. Meyers Julian Boufflers und Hermann Hesses Hans Giebenrath *Unterm Rad* des Lebens, in: Der Ginkgo-Baum 15 (1997), S. 308–324.
Horn, Anette: Immoralität als Gedankenexperiment: Musils »Törleß« und Nietzsches Machtbegriff, in: Acta Germanica 24 (1996), S. 65–80.
Jeismann, Karl-Ernst: Das preußische Gymnasium in Staat und Gesellschaft. Band 1: Die Entstehung des Gymnasiums als Schule des Staates und der Gebildeten 1787 – 1817. Band 2: Höhere Bildung zwischen Reform und Reaktion 1817 – 1859. Zweite vollständig überarbeitete Auflage, Stuttgart 1996.
Karst, Theodor, Renate Overbeck, Reinbert Tabbert: Kindheit in der modernen Literatur. Interpretations- und Unterrichtsmodelle zur deutsch-, englisch- und französischsprachigen Prosa, Kronberg/Ts. 1976.

Kiesel, Hellmuth, Paul Münch: Gesellschaft und Literatur im 18. Jahrhundert. Voraussetzungen und Entstehung des literarischen Markts in Deutschland, München 1977.

Kim, Byong-Ock: Rilkes Militärschulerlebnis und das Problem des verlorenen Sohnes, Bonn 1973.

Krumbholz, Paul: Geschichte des Weimarischen Schulwesens, Berlin 1934.

Kucher, Primus-Heinz: Franz Rieger, in: Walther Killy (Hrsg.): Literatur-Lexikon, Gütersloh / München 1991, Bd. 9, S. 449 f.

Leschinsky, Achim, Peter Martin Roeder: Schule im historischen Prozeß. Zum Wechselverhältnis von institutioneller Erziehung und gesellschaftlicher Entwicklung, Stuttgart 1976.

Liebs, Elke: Die Schwierigkeit, eine tüchtige Tochter zu sein, in: Mütter – Töchter – Frauen. Weiblichkeitsbilder in der Literatur, hrsg. v. Helga Kraft u. Elke Liebs, Stuttgart / Weimar 1993, S. 173–191 (bes. S. 175–180 zu Reventlows *Ellen Olestjerne*).

Lund, Deborah S.: Ambiguity as Narrative Strategy in the Prose Work of C. F. Meyer, New York 1990.

Lundgreen, Peter: Die Schule, in: Orte des Alltags. Miniaturen aus der europäischen Kulturgeschichte, hrsg. v. Heinz-Gerhard Haupt, München 1994, S. 211–218.

Lundgreen, Peter: Sozialgeschichte der deutschen Schule im Überblick. Teil I: 1770 - 1918, Göttingen 1980. Teil II: 1918 - 1980, Göttingen 1981.

Luserke, Matthias: Die Bändigung der wilden Seele. Literatur und Leidenschaft in der Aufklärung, Stuttgart / Weimar 1995.

Luserke, Matthias: Jakob Michael Reinhold Lenz. Der Hofmeister - Der Neue Menoza - Die Soldaten, München 1993.

Luserke, Matthias: Robert Musil, Stuttgart / Weimar 1995.

McCort, Dennis: States of Unconsciousness in Three Tales by C. F. Meyer. Lewisburg 1988 (bes. S. 77 ff.).

Minder, Robert: Kadettenhaus, Gruppendynamik und Stilwandel von Wildenbruch bis Rilke und Musil, in: ders.: Kultur und Literatur in Deutschland und Frankreich. Fünf Essays, Frankfurt/M. 1977 [[1]1962], S. 76–95.

Mix, York-Gothart: Der Auftakt zur Fibel des Entsetzens. R. M. Rilkes Erzählung »Die Turnstunde« und die pädagogische Reformbewegung der Jahrhundertwende, in: Euphorion 88/4 (1994), S. 437–447.

Mix, York-Gothart: Die Schulen der Nation. Bildungskritik in der Literatur der Moderne, Stuttgart / Weimar 1995.

Mix, York-Gothart: Selbstmord der Jugend. H. Falladas *Der junge Goedeschal*, J. R. Bechers *Abschied*, H. Hesses *Unterm Rad* und der Erziehungsalltag im Kaiserreich, in: GRM 44/1 (1994), S. 63–76.

Müller, Michael: »Unterm Rad«, in: Interpretationen. Hermann Hesse Romane, Stuttgart 1994, S. 7–28.

Nalewski, Horst: Rilkes »Samskola«-Aufsatz im Kontext der Erziehungsprogramme der Jahrhundertwende, in: Blätter der Rilke-Gesellschaft 16/17 (1989/90), S. 167–176.

Osborne, John: Vom Nutzen der Geschichte. Studien zum Werk Conrad Ferdinand Meyers. Paderborn 1994 (bes. S. 102–119 zum *Leiden eines Knaben*).

Paefgen, Elisabeth K.: Kunst oder Wissenschaft? Deutschunterricht in der Literatur, in: Wirkendes Wort 47/1 (1997), S. 75–93.

Parr, Rolf, Wulf Wülfing: Literarische und schulische Praxis (1854 - 1890), in: Hansers Sozialgeschichte der deutschen Literatur vom 16. Jahrhundert bis zur Gegenwart. Bd. 6: Bürgerlicher Realismus und Gründerzeit 1848 - 1890, hrsg. v. Edward McInnes u. Gerhard Plumpe, München / Wien 1996, S. 176–210.

Paulsen, Friedrich: Geschichte des gelehrten Unterrichts auf den deutschen Schulen und Universitäten vom Ausgang des Mittelalters bis zur Gegenwart. Mit besonderer Rücksicht auf den klassischen Unterricht. 3., erweiterte Auflage, Berlin / Leipzig 1921.

Pelletier, Nicole: Franz Kafka et Robert Walser. Etude d'une relation littéraire, Stuttgart 1985.

Pfemfert, Franz: Im Zeichen der Schülerselbstmorde, in: Die Aktion 9 (1911), v. 17. April 1911, o. S.

Pleister, Michael: »Jakob von Gunten«: Utopie oder Resignation? Studie zu Robert Walsers Tagebuch-Roman, in: Sprachkunst 23 (1992), S. 87–103.

Politik und Schule von der Französischen Revolution bis zur Gegenwart. Eine Quellensammlung zum Verhältnis von Gesellschaft, Schule und Staat im 19. und 20. Jahrhundert. 2 Bde., hrsg. v. Berthold Michael u. Heinz-Herrmann Schepp, Frankfurt/M. 1973.

Pretzel, C. L. A.: Ansichten und Mitteilungen. Zwei Schülerromane, in: Die Deutsche Schule 9 (1905), S. 776–779.

Reffet, Michel: »Die Verwirrungen des Zöglings Törleß« und »Der Abiturententag«. Ein ergänzender Beitrag zum Verhältnis zwischen Robert Musil und Franz Werfel im Zeichen der alten Monarchie, in: Robert Musil ein Mitteleuropäer, Brünn 1994, S. 149–162.

Reinhardt, George W.: Literary Refractions: Molière, Montaigne, Pascal and Sainte-Beuve in C. F. Meyer's Das Leiden eines Knaben, in: Michigan Germanic Studies 14.2 (1988), S. 106–122.

Ries, Heidi: Vor der Sezession. Untersuchungen zur Schul- und Kadettengeschichte um die Jahrhundertwende. Diss. Privatdruck, München 1970.

Schank, Stefan: Kindheitserfahrungen im Werk Rainer Maria Rilkes. Eine biographisch-literaturwissenschaftliche Studie, St. Ingbert 1995.

Schink, Helmut: Jugend als Krankheit? Hermann Hesse, Robert Musil, Franz Kafka, Reinhold Schneider, Anne Frank, Franz Innerhofer, Linz 1980.

Schmale, Wolfgang: Die Schule in Deutschland im 18. und frühen 19. Jh. Konjunkturen, Horizonte, Mentalitäten, Probleme, Ergebnisse, in: Wolfgang Schmale, Nan L. Dodde (Hg.): Revolution des Wissens? Europa und seine Schulen im Zeitalter der Aufklärung (1750 - 1825). Ein Handbuch zur europäischen Schulgeschichte, Bochum 1991, S. 627–767.

Schulgeschichten. Für die Sekundarstufe hrsg. v. Klaus-Dieter Metz. Arbeitstexte für den Unterricht, Stuttgart 1995.

Schultze, Karl: Zwei Schulromane, in: Der Kunstwart 20/2 (1907), S. 622–624.
Strauss, Heinz: Der Klosterroman von Millers »Siegwart« bis zu seiner künstlerischen Höhe bei E. T. A. Hoffmann. Ein Beitrag zur Literaturgeschichte des 18. Jahrhunderts. Diss. masch. München 1921.
Székely, Johannes: Franziska Gräfin zu Reventlow. Leben und Werk. Mit einer Bibliographie, Bonn 1979.
Ungermann, Silvia: Kindheit und Schulzeit von 1750 - 1850. Eine vergleichende Analyse anhand ausgewählter Autobiographien von Bauern, Bürgern und Aristokraten, Frankfurt/M. 1997.
Wallmann, Hermann: Die Wutvergeudung des Zöglings Julian. Ein intensiver Internatsroman und eine schwache Satire von Stefan Tomas, in: Süddeutsche Zeitung v. 19. 1. 1994.
Wehler, Hans-Ulrich: Deutsche Gesellschaftsgeschichte. Erster Band: Vom Feudalismus des Alten Reiches bis zur Defensiven Modernisierung der Reformära 1700–1815, München 1987 (bes. S. 281–292, »Das Schulwesen«).
Welche Schule brauchen wir? Unterwegs in deutschen Klassenzimmern, hrsg. v. Haug von Kuenheim. ZEIT Punkte 2/1996.
Wischmann, Antje: Die Figur des jungen Mannes bei H. Bang, J. P. Jacobsen, R. M. Rilke und H. v. Hofmannsthal. Ästhetizismus und Dekadenz in dänischen und deutschsprachigen Prosawerken um die Jahrhundertwende, in: Otmar Werner (Hrsg.): Arbeiten zur Skandinavistik, Frankfurt/M. 1989, S. 581–583.
Wolf, Martin: Kiepenheuer, Witsch & weg?, in: Der Spiegel 15 (1999), v. 12. 4. 1999.